T0095281

Condamne a la pauvreté

Une analyse des causes de l'effroyable misère du peuple haïtien

Alix Michel

 www.trafford.com

North America & international
toll-free: 1 888 232 4444 (USA & Canada)
phone: 250 383 6864 ✦ fax: 812 355 4082

Une analyse des causes de l'effroyable
misère du peuple haïtien.

Contents

Dédicaces spéciales

Ce livre est dédie a ma famille
Didi, tige, Josh, et Gerlande
A tous mes anciens camarades de classe des Frères
Polycarpe, des Frères Adrien du Sacre Cœur.
A tous mes camarades de promotions de l'INAGHEI des
années 80s
A tous les Caribéens, Afro-Américains, Latinos
américains, et Asiatiques que j'ai rencontres dans les
bibliothèques et salles d'études de Bernard Baruch et de
Brooklyn Collège.
A tous les maitres, directeurs et doyens qui ont façonne
mon éducation et ma formation.

Alix Michel

Préface.

J'écris ce livre parce que je pense qu'Haïti a besoin aujourd'hui des idées et conseils de tous ses fils. Spécialement, ceux qui risquent encore de se dire haïtiens en terre étrangère. J'ai eu la bénédiction de faire des études avancées en économie a Brooklyn Collège pour terminer ma longue carrière sur les bancs dans la discipline que j'aime. A mes débuts d'universitaire a l'INAGHEI , je reçus mes premières notions d'économie politique avec les professeurs Rony Durand et Edrice Vincent. Passionné par la matière, je lis les principaux magazines Français en vente a Port au Prince. A travers les éditoriaux de Jean Daniel du Nouvel Observateur, de Senen Andriamirado et de Sophie Bessis dans Jeune Afrique j'assimile de plus en plus les jargons. J'ai lu le capital de Karl Marx pour préparer un papier avec un groupe d'étudiants et j'ai découvert une autre version de la science économique. Aujourd'hui, je consacre des heures exclusivement a des recherches en économie et je m'attarde dans les œuvres de certains économistes tels que Jeffrey Sachs, Paul collier et Paul Krugman.

Mes fréquents voyages en Haïti durant les dernières années m'ont permis d'observer en première loge le degré de paupérisation d'une nation en déchéance. Le pays se trouve dans une impasse et aucune issue n'est visible pour le moment. Je considère cette production comme le remboursement d'une dette a ce pays dont les malheurs aujourd'hui m'accablent et touchent les fibres les plus sensibles de mon être. L'échec d'Haïti, c'est celui de nos élites toutes couleurs confondues. A chaque trébuchement les ennemis de la nation s'en réjouissent, car cela confirme la thèse de tous les racistes de l'hémisphère que les negres ne peuvent s'auto diriger.

Apres 18 années d'exil volontaire, je suis rentre au pays en Février 2008 pour les festivités carnavalesques. A peine sorti de l'Aéroport international, je fus choque par le spectacle de désolation entourant notre principale porte d'entrée. Sur mon parcours vers l'hôtel, je n'ai vu que de la misère partout. Le visage cadavérique des gens croises sur notre passage m'indiquait que la souffrance et la faim avaient modifie leurs regards. Une fois les cérémonies du carnaval achevées, j'ai décidé de faire un tour de la ville ou je suis ne.

Durant une semaine, j'ai traversé Port au Prince a pied, en taxi, et en taptap. Tranquillement, j'ai écouté les réflexions et opinions des gens sur la situation du pays. Je compare le peuple haïtien comme un malade connaissant les symptômes de son mal mais incapable de les guérir. Renie par toutes les grandes puissances occidentales pour s'être libéré de l'esclavage ; trahi par ses élites devenus les nouveaux oppresseurs, le peuple haïtien ne sait a quel saint se vouer.

Pour aller d'un endroit a un autre dans la zone métropolitaine, des distances qui autrefois pouvaient se faire en une demi heure, sont parcourues maintenant en 90 minutes s'il n'y a pas de trafic. A partir de six heures du matin, toutes les artères de la capitale sont bloquées avec des longues files d'automobiles . Les gas suffocants provenant des tuyaux d'échappement et le bruit des avertisseurs de ces machines vous rendent inconfortable. A pied la circulation n'est pas aussi facile. Les trottoirs sont bondes de gens de tous âges. Les tréteaux des marchands sont installes dans les espaces réservés aux piétons les forçant a marcher dans la rue. Sans la dextérité des chauffeurs , il y aurait un nombre élevé d'accidents chaque jour.

Ce qu'on appelle dans le jargon économique '' le marche informel '' semble remplacer le commerce du bord de mer traditionnel. Il n'existe plus ce boulevard des affaires représenté par la ''Grande Rue''. Je demande a mon cousin dans quels magasins ils font des emplettes ces jours ci ? Il me confie que c'est a PetionVille ou sur la route de Delmas qu'il faut monter pour se procurer certaines choses. A chaque intersection de la ville un tas d'immondices et des égouts sans couvertures. Pas très loin de ces fatras un restaurant mobile (pappadap) et les clients s'appuient au coin pour prendre leur diner.

Revenant de la plaine du cul de sac, je descendis un autobus pour prendre une camionnette en direction de Delmas. En face de moi s'assit un individu a la mine patibulaire avec un gros revolver a ses hanches. Panique je regardai mon cousin, il me fit un geste que j'interprète comme un signal de rester calme. Arrive au niveau de Delmas 4, l'individu descendit de la camionnette et c'est alors que j'aperçus que l'autre passager assis a cote de moi portait lui aussi un revolver. A Delmas 49, mon cousin et moi descendirent de la camionnette.

Rapidement je lui fis ma part de ma stupéfaction a propos de ces individus armes. Il m'expliqua que je n'ai pas besoin de peur parce que je ne suis pas une personne ciblée. Qu'est ce qu'une personne ciblée je lui demandai ? C'est quelqu'un qui est en ''affaire '' avec un autre, il me répondit. Combien d'individus armes circulent a Port au Prince et dans les villes de provinces ?. J'ai eu une idée des nouvelles d'assassinats quotidiens qui nous parviennent dans la diaspora. La police nationale est inexistante dans les rues. D'ailleurs la proportion de police par personne est ridicule. Les dernières statistiques donnent 7000 policiers pour plus dix millions d'habitants. Il est quatre heures me signala mon cousin, c'est l'heure de regagner l'hôtel parcequ'a cause de l'insécurité , il est très risque de rester dans les rues a l'angélus du soir. Je repartis pour New York le lendemain et j'ai jure de retourner aider mon pays.

J'ai reçu la nouvelle du tremblement de terre du 12 Janvier 2010 avec une émotion terrible. Les images du désastre parlent d'elles mêmes. Le monde entier a vole au secours d'Haïti. Port au Prince, Leogane, PetitGoave, et Jacmel ont été sévèrement endommages. Environ 250.000 personnes sont tuées. De nombreux bâtiments logeant les bureaux de l'administration publique sont détruits. Les pertes en dollars sont estimées a l'équivalent de la moitie du PIB national. Des réunions sont organisées un peu partout a travers le monde afin d'aider le pays à sortir de cette nouvelle crise. Répute pour notre corruption endémique, les bailleurs de fonds internationaux exigent que des structures soient mises en place.

Je reprends mon bâton de pèlerin et en Aout 2010, six mois après l'hécatombe je visite Haïti. On n'a pas besoin d'être un spécialiste pour comprendre la situation actuelle du pays. Comme dit le vieil adage c'est comme le dernier clou pour fermer le cercueil. La situation politique déjà hétéroclite avec les cabrioles imprévisibles de René Préval continue a empirer. Pour une évaluation du temps présent, je propose aux lecteurs un petit coup d'œil rétrospectif.

Apres les 30 ans de la dictature Duvaliériste et les quatre années de la transition, une élection démocratique finalement eut lieu dans le pays. Le 16 Décembre 1990 l'arrivée au pouvoir des populistes Aristide et Préval ne semblait présagée aucun des malheurs que nous avons connus durant les années suivantes. Le premier a eu deux mandats non termines et le second finit par accomplir ces deux mandats. Mais au niveau économique les deux ont lamentablement échoue. Nous sommes devenus plus pauvres au cours des vingt dernières années. La population d'Haïti continue d'augmenter a un rythme de 1.7% chaque année tandis que la croissance économique reste a 1.1%. Sans un taux de mortalité très élevé, notre population serait plus nombreuse. La malnutrition continue de tuer les bébés et les enfants en bas âge.

En Février 2010, les cérémonies de la troisième installation de Jean B Aristide comme président à peine terminées au palais National, Gérard Gourgues fut installe par Gérard P Charles comme l'autre président d'Haïti. Surpris par cette décision inattendue le pouvoir lavalassien ne réagit pas. Au fil des mois le nombre des contestataires augmenta jusqu'a former un pacte de 184 organisations. Puis se produisit un assassinat aux Gonaïves. Amiot Métayer un home de main du gouvernement aurait été assassiné sur ordre du pouvoir exécutif. La ville des Gonaïves s'unit autour des Métayers et restera paralysée jusqu'au départ de Jean Bertrand Aristide. Guy Phillipe un ancien commissaire de police révoqué et Louis jodel Chambelain un lieutenant de l'armée disbandee par Jean B Aristide prennent la tête d'un groupe d'anciens militaires. Finances et armes par des sources que les spectateurs de la tragédie haïtienne peuvent deviner, ces conjures traversent la frontière haitiano dominicaine dans des véhicules tout terrains et attaquent Haïti sur deux fronts : le Nord et le Centre. Pour la deuxième fois en 10 ans des troupes étrangères débarquaient sur le sol national. Cette fois ci ce sont les brésiliens du Président Lula qui viennent nous occuper.

Un gouvernement de facto avec le président de la cour de cassation et un premier ministre importe de la diaspora a été installe a la tète de l'Etat. Le pays vit des heures sombres avec des séquestrations et des assassinats au quotidien. Les élections tenues en Février 2006 consacrent la victoire de René Préval et Jacques E Alexis dirige le gouvernement forme a l'occasion. Au mois d'Avril 2008 des milliers de personnes envahissent les rues pour protester contre la hausse vertigineuse des prix. L'évènement est baptise les émeutes de la faim et de nombreux cadavres sont restes sur le sol durant les manifestations parfois tournées violentes. La hausse des prix du pétrole et du riz sur le marche mondial a été ressentie directement par les consommateurs haïtiens. La passivité du gouvernement d'Alexis était dénoncée par les manifestants. La chambre du sénat lui signifia un vote de non confiance et le gouvernement fut demis.

Un autre premier ministre fut désigné : Michel Pierre Louis. Cette dernière dirigeait le pays et les choses commençaient a bouger un peu. Au cours de l'été quatre cyclones successifs traversent le pays entrainant de nombreuses morts et une partie de la production agricole s'en va dans les eaux. Comme il a le secret Préval se débarrasse de Michèle Pierre Louis dans l'espace d'un cillement. Le tremblement de terre du 12 Janvier n'était pas prévu et l'incapacité de son gouvernement a réagir après l'événement va le rendre très impopulaire. En dépit de tout, ce vieux rat de la politique haïtienne s'accroche et tente désespérément d'élire un successeur. C'est alors que la communauté internationale intervient et selecte un chanteur de musique très populaire.

Je voulais titrer ce livre " L'eternel malentendu" en mémoire du célèbre chroniqueur et journaliste haïtien Jean Dominique. C'est une expression qu'il répétait souvent en se référant a la problématique de couleur en Haïti. Beaucoup de politiciens le consideraient comme le porte parole de la classe mulâtre dans le pays. Comme le Roi Juan Carlos le fit en Espagne après la mort de Franco, il conseillait aux Jean claudistes de procéder a une transition vers une démocratie construite sur le model espagnol. L' économie haïtienne marchait très bien a cette époque. Il considérait comme une victoire a la Pyrrhus ce que certains tenants du noirisme continuaient de célébrer comme la '' révolution de 1946 '' . A la l'écoute de ce brillant journaliste, certains jeunes de ma génération ont pu apercevoir l'aspect démagogique que cachait cette affaire de mulatrisme et noirisme en Haïti. Malheureusement, il fut assassiné a l'intérieur de la station de radio qui le rendit célèbre. Paix a son âme.

J'ai commence ce livre avec un chapitre sur les conflits eternels qui a mon avis sont les véritables causes de notre pauvreté. Au moment de combattre pour notre Indépendance, sans l'union des noirs et des mulâtres, aucune victoire ne serait possible sur l'armée Napoléonienne. Malheureusement le nouvel Etat prit naissance avant que les prerequis à la formation d'une nation furent réalisés. Un chapitre sur l'agriculture parce que je pense que l'échec national est lie à la dégradation continuelle de notre agriculture. J'ai aussi aborde les thèmes de la corruption , de notre éducation élitiste, de notre dépendance de l'aide étrangère. La restructuration du ministère de la planification et des allocations budgétaires est aussi analysée. Enfin, en épilogue j'essaie de prouver aux lecteurs mon hypothèse de départ: Haïti est un pays condamne a la pauvreté.

Alix Michel

Introduction: L'acte d'accusation

Haïti est un singulier petit pays. Ce surnom lui fut attribue par Louis Joseph Janvier, un écrivain natif et célèbre. Un des aspects fascinants de cette spécificité, a été le défi de survivre au milieu de puissances hostiles. Spécialement, après que des esclaves eurent réalises l'exploit de vaincre la plus grande puissance coloniale de l'époque. Ce fut la première et unique victoire de negres contre blancs dans l'hémisphère occidentale. Les negriers ont instinctivement réagi par une violence extrême en réponse aux traitements bestiaux que leur infligèrent leurs bourreaux. Livres a eux mêmes après ce que les puissances de l'époque considéraient comme une impertinence inacceptable, les révolutionnaires ne parvinrent pas a faire prospérer le nouvel Etat. Un embargo diplomatique nous fut impose par les Etats Unis sur la demande de Napoléon Bonaparte. Même le grand Simon Bolivar, aide par Alexandre Pétion dans sa guerre de libération des Amériques ne put faire grande chose pour l'Etat négre. Il faudra attendre qu'Abraham Lincoln déclare la liberté générale des esclaves pour qu'Haïti puisse s'asseoir sur la même table avec les autres nations.

La reconnaissance de notre Indépendance par la France nous couta environ 150 millions de Francs. Traduit en valeurs monétaires de l'époque, cette somme représenta un fardeau trop lourd pour la jeune nation. De fait, Haïti devint un Etat en banqueroute dont les recettes ne parvinrent pas à couvrir ses dettes.

Au début du 20eme siècle, l'impérialisme naissant des Etats Unis d'Amérique avec la doctrine de Monroe plaça Haïti sous contrôle. La dette de l'indépendance fut payée et de nombreuses reformes furent entreprises par les américains pour mettre le pays hors du circuit de la pauvreté. Le bilan économique fut mitige, malgré que les grands investisseurs de ''Wall Street'' nous ont évite en raison de notre système de petite propriétés agricoles. A leur départ les américains nous ont laisse avec un héritage social lourd. En effet, les élites haïtiennes sont restées divisées en deux groupes: les mulatristes et les noiristes. Depuis ce temps la problématique politique haïtienne s'articule autour des ces deux tendances. Le pouvoir politique aux noiristes, le pouvoir économique aux mulatristes. L'aide financière accrue de la communauté internationale sous le gouvernement de Jean Claude Duvalier produit l'effet d'un boom économique qui durera jusqu'aux environs de 1984. Pris dans un conflit interne entre la vieille garde Duvaliériste, les Jean Claudistes et les Benettistes , le régime a succession héréditaire s'effondra en Février 1986. Le retour a l'ordre constitutionnel prôné par le président Américain Bill Clinton pour réinstaller le président Jean Bertrand Aristide renverse par les militaires rouvrit la manne de l'aide sur Haïti. Cependant, afin d'éviter la corruption notoire de l'administration publique haïtienne, la distribution de l'aide fut confiée a des Organismes non gouvernementaux. Et depuis, la tendance ne s'est jamais arrêtée et certains journalistes décrivent Haïti comme une république des ONGS.

Le violent tremblement de terre survenu le 12 Janvier 2010 menace l'existence même d'Haïti en tant que nation. Dans les milieux internationaux, certains parlent déjà d'un protectorat des Nations Unies. En tant qu'haïtien, je pense que nous devons nous résigner à payer le prix de notre unicité dans les Amériques. La première et unique république négre dans cette région devra s'adapter pour survivre. Notre salut dans ce 21eme siècle dépendra de notre ajustement à la globalisation économique et financière qui menace de nous effacer de la géographie mondiale. Alors que Saint Domingue fut la plus prospère des colonies Françaises, l'Etat ne de cette colonie est devenu le plus pauvre de la région et je n'entrevois aucune perspective immédiate de nous sortir de cette position déshonorante.

Chapitre 1

Les conflits eternels ou la « madichon » d'Haïti.

Pour assurer leur dominance sur la colonie Saint Dominguoise, les blancs établirent un système de caste très rigide dans lequel contacts et relations entre citoyens de couleurs différentes furent légalement interdites. Cette ile était si prospère qu'elle suscita la convoitise de toutes les puissances coloniales de l'époque. Pendant prés de deux siècles Anglais, Français, et Espagnols se battirent pour le contrôle de l'ile. Il a fallu attendre le traite de Ryswick en 1687 pour consacrer le partage officiel de l'ile. La France occupa la partie occidentale tandis que l'Espagne rentra en possession de la partie orientale. La production agricole de Saint Domingue était la plus florissante parmi les colonies françaises. Le montant des échanges commerciales entre la France et Saint Domingue atteint 11 millions de dollars tandis que toutes les colonies Anglaises rassemblées totalisaient un volume d'échange de 5 millions de dollars. La France avait consacre environ 750 navires seulement pour le commerce avec Saint Domingue. Les principaux produits d'échange furent le sucre, le café, le coton et le bois dur. La révolution Française de 1789 véhicula de nouvelles idées et de nouvelles approches pour un contrat social entre les citoyens. L'émotion soulevée par ce chambardement idéologique atteint toutes les classes sociales et la lutte pour le changement ne s'arrêtera point.

André Rigaud et Toussaint Louverture n'arrivèrent pas à élaborer une stratégie commune pour lutter contre l'exclusivisme blanc. Ce dernier remporta la victoire et prit le leadership de la bataille pour la justice sociale dans la colonie de Saint Domingue. Son règne fut très éphémère et Napoléon le fit arrêter et l'exila dans les montagnes du Jura comme prix de son impertinence.

Jean Jacques Dessalines et Alexandre Pétion prirent la relève et conduiront les troupes jusqu'a la victoire finale. Les conditions de cette union des leaders de deux classes antagoniques n'ont jamais été révélées. L'émotion soulevée par les menaces de Napoléon pour retourner à l'ancien ordre colonial a connecté cette alliance. Les maillons de cette chaine paraissaient tant soit peu solides jusqu'a la victoire finale sur les troupes du général Rochambeau.

Au nom de la bataille pour la liberté et l'égalité, l'Etat d'Haïti fut crée. Mais avant la création de cet Etat, on peut se demander si les étapes nécessaires à la formation d'une nation étaient réalisées.

Depuis le traite de Ryswick, la France et l'Espagne se partagèrent la possession de l'ile. La révolte eut lieu dans la partie occidentale de l'ile sous contrôle Français. Les noirs importes d'Afrique pour travailler sur les plantations des colons français et les mulâtres ou Affranchis nés de pères blancs et de mères régresses ont habite cette partie de l'ile durant plus de deux siècles

Le premier Janvier 1804 les célébrants de la place d'armes des Gonaïves étaient composes de deux groupes ethniques : noirs et mulâtres. Ces déterminants ont constitue le point d'achoppement majeur a l'unification de la nation haïtienne. Les mulâtres ont rejeté leur passe africain. Ils s'attachèrent aux valeurs héritées de leurs pères. La langue parlée et écrite dans les milieux mulâtres a continue d'être le Français. La religion pratiquée par les mulâtres est le catholicisme romain. Tandis que la grande masse illettrée des esclaves ne pouvait que parler le créole et elle restait attachée au vodou. Les structures familiales étaient aussi différentes : les mulâtres se mariaient tandis que les familles noires étaient tissées par des unions libres ou placage. Il n'y a jamais eu un contrat social au moment de la gestation de l'Etat haïtien. Noirs et mulâtres évoluèrent comme si chaque groupe était embarque sur un navire différent. Les mulâtres, le groupe social le mieux éduque pensèrent qu'ils pouvaient survivre sans la grande masse des noirs incultes. L'Etat d'Haïti ne bénéficia pas au départ de quelqu'un pouvant réaliser l'unité de la nation. Tout au cours du 19eme siècle, l'élite haïtienne se détachait progressivement de la masse.

L'assassinat de Jean Jacques Dessalines au pont rouge le 17 Octobre 1806 dans un complot monte de toutes pièces par les mulâtres démontra l'hypocrisie sur laquelle fut construite l'alliance qui nous amena a l'indépendance. Je n'arrive pas a comprendre pourquoi les historiens ne se sont pas beaucoup attardes sur le caractère antagonique des deux ethnies qui fondèrent nation. Ce fut la volonté d'échapper au retour de l'esclavage que voulait réimposer Bonaparte qui unissait temporairement deux groupes sociaux diamétralement opposées. Dessalines prouva ses qualités de guerrier, mais il n'eut pas le temps de confirmer ses qualités d'administrateur. Son ascension a la tète du nouvel état ne lui fit pas oublier ses origines d'esclaves. Apres les avoir évite la chaine de nouveau, il s'attela à la séparation économique des richesses de la nation. Pour cela il dut affronter les mulâtres qui voulurent s'accaparer des grandes plantations abandonnées par les colons en fuite. Son assassinat eut lieu au pont rouge dans le département de l'Ouest dirige par Alexandre Pétion. De plus cet endroit est géographiquement prés de PetionVille ou les mulâtres se regroupèrent autour de Pétion.

TABLEAU SYMBOLISANT LES DIFFERENCES ENTRE LES GROUPES ETHNIQUES COMPOSANT LA NATION HAITIENNE APRES LE 1 JANVIER 1804					
	%	LANGUES	STATUT SOCIAL	RELIGION	LIEU DE RESIDENCE
BLANCS	0.5	Francais	Marie	Catholique	La Ville
MULATRES	4.5	Francais	Marie	Catholique	La Ville
NEGRES	95	Creole	Place	voodoo	Mornes

Jean Jacques Acau et les Piquets :
La question de couleur rejetée.

Alexandre Pétion périodiquement distribua des terres a ses partisans. Nous n'avons pas pu trouve dans nos recherches si les distributions entreprises par Pétion furent motivées par des raisons raciales. Mais nous pouvons affirmer qu'il se consacra au démantèlement du système de grande propriété en distribuant celles appartenant a l'Etat a qui mieux mieux.

Mais il n'a pu satisfaire tout le monde . Les grands généraux de l'armée indigène furent les principaux bénéficiaires. En 1843, sous le gouvernement de Jean Pierre Boyer, un mulâtre nomme Acau se révolta. Il prit la tète de tous les paysans ne possédant pas de terre pour former une armée surnommée les piquets parce qu'ils n'avaient que des pics pour combattre. Son slogan fut : les negres riches sont des mulâtres et les mulâtres pauvres sont des negres. Le mouvement de 1843 comme les historiens l'appellent fut une preuve de l'échec de la politique de morcèlement de la terre. Ce fut une victoire posthume de Jean Jacques Dessalines surnomme le premier socialiste haïtien. Il voulait que l'Etat maintienne la possession des terres laissées par les blancs Français. Apres la récolte les paysans n'auraient qu'a payer les taxes aux collecteurs. Acau avait raison de se soulever contre la corruption dans la distribution de terres par Pétion et Boyer, mais il était trop tard. On peut retracer l'échec de notre agriculture a partir de cette époque. Sous le poids des taxes imposées par le gouvernent central, les paysans vont entreprendre ce qu'on appelle le << marronnage économique>> qui consiste a réduire la production des denrées soumises a de fortes taxes et augmenter la production d'autres produits pour satisfaire les besoins de leur famille.

Le parti libéral et le parti national : Premier échec de la démocratie en Haïti.

Une fois l'Indépendance reconnue, le nouvel état s'engagea dans le commerce international. Certains pays européens finalement acceptèrent d'avoir des relations avec cet Etat ne d'une rébellion anti esclavagiste. Quelques années plus tard les Etat Unis d'Amérique, après qu'Abraham Lincoln prononça l'abolition de l'esclavage, rejoignit les rangs en abandonnant son embargo économique et politique contre Haïti. Très vite les haïtiens s'organisèrent en parti politique. Le parti national et le parti libéral occupèrent l'espace politique du pays. Je n'ai pas pu mettre la main sur aucun document expliquant les raisons qui ont pousse la grande majorité des mulâtres a investir le parti libéral tandis que la plupart des intellectuels noirs se sont retrouves au sein du parti national. Le débats idéologiques furent intenses a cette époque. Sans doute ce fut l'époque ou Haïti avait une chance d'être dirigée démocratiquement. Très vite la confrontation idéologique fut remplacée par la question de couleur. Le parti national avec son slogan le pouvoir au plus grand nombre fonctionna comme ce qu'on appelle maintenant un parti populiste. Le nom de Jean Jacques Dessalines honni durant des décennies après son lynchage au pont rouge put être cite dans les cercles intellectuels. Le parti libéral de son cote avait comme slogan que le pouvoir devait appartenir aux plus capables. Ce qui se referait automatiquement aux mulâtres. Nombre d'entre eux furent éduques en France et revenus au pays la direction du pays leur appartenait de facto. Sous la présidence de Lysius Felicite Salomon élu sous la bannière du parti national le débat idéologique se tourna en violence. Voulant s'emparer du pouvoir coute que coute, un groupe de théoriciens de ce parti opta pour une invasion militaire. Ils affrontèrent le parti national au pouvoir qui sortit victorieux et renforcèrent le pouvoir de Lysius Salomon. Cette expérience démocratique qui aurait pu solidifier notre nation par le renforcement de nos institutions politiques sombra piteusement. Avant même que des élections furent organisées, le président Salomon fut renverse par un soulèvement et dut prendre le chemin de l'exil comme ses adversaires du parti libéral le firent des années auparavant.

LES BLANCS DEBARQUENT EN JUILLET 1915 :
Rebondissement de la question de couleur

Révolutions et contre révolutions ont continue a dominer le panorama politique haïtien jusqu'à la fin du 19eme siècle. Par example quand un citoyen voulait devenir président, il rassemble un groupe d'individus et les pourvoit toutes sortes d'armement. La prochaine étape débute avec la marche sur Port au prince. Des que l'armée des insurgents arrivent a proximité de la capitale, pour ne pas être capture le président en place n'a d'autres choix que de prendre la fuite avec dans sa valise une grande quantité d'argent sortit des trésors publics. L'étape finale constitue dans l'envahissement du parlement et le chef des insurges se fait élire président de la république. Une fois au pouvoir le président prend contrôle de l'administration générale des Douanes afin de contrôler les rentrées gouvernementales. Le point positif durant cette période fut le paiement de la dette de l'indépendance que tous les gouvernements ont respecte. Jusqu'au début du vingtième siècle, la lutte pour l'accaparement de la présidence a constitue l'objectif de tous le politiciens haitiens. Dans une période de deux ans , quatre Présidents se sont succédés, soit un average d'un chef d'Etat tous les six mois.

L'assassinat en masse de prisonniers politiques au sein de la prison centrale de la capitale offrit aux Américains l'occasion d'accomplir ce qu'ils ont cherche durant au moins une décennie : l'invasion d'Haïti. Culturellement, Haïti représente un morceau de la France dans les caraïbes. A partir de la reconnaissance officielle de l'indépendance en 1825, Paris et Port au Prince normalisèrent leur relations dans tous les domaines. Salomon se maria a une française et les relations franco haïtiennes attinrent leur paroxysme durant son gouvernement. Paris refinança la dette et créa pour nous la Banque Nationale d'Haïti. La banque fut gérée par des français envoyés de Paris.

A cote de notre attachement a la France, les autres puissances européennes s'intéressèrent a Haïti et normalisèrent les relations avec l'Etat négre. Au début du vingtième siècle petit a petit des marchands d'origines allemandes ont commence a s'installer en Haïti. L'Allemagne commença a rivaliser avec les intérêts yankees dans les caraïbes. Soulignons que la doctrine de Monroe consacrant l' Amérique aux Américains représenta l'épine dorsale de la diplomatie américaine et plaça Haïti dans la visière de l'empire naissant.

Les premiers hommes d'affaires allemands qui s'établirent en Haïti se marièrent aux haïtiennes a fin de contourner les lois haïtiennes qui interdisaient aux étrangers de posséder des terres sur le sol haïtien. Cette approche leur permit de conquérir rapidement le cœur des haïtiens et l'élite fraternisa avec eux. Ainsi ils prirent le devant des yankees dans la compétition commerciale en Haïti. Ils s'établirent dans presque toutes les villes haïtiennes. Les haïtiens étaient généralement bien reçus quand ils voyageaient en Europe, Tandis qu' arrives aux Etat unis ils étaient frappes par les préjuges de toutes sortes dans cette société. Les mariage entre haïtiennes et allemands créèrent une génération d'haitiano allemands qui renforcèrent les attaches entre les deux pays. In 1912 le gouvernement Germanique créa une école Allemande en Haïti. Selon les officiels allemands leurs intentions furent de germaniser les descendants hatiano allemands.

A partir de 1914 les allemands contrôlèrent a 80% le secteur des affaires en Haïti. Ils assurèrent le management de l'unique wharf de Port au Prince. Presque deux tiers des exportations haïtiennes furent assurées par des navires battant pavillon allemand. Les intérêts commerciaux yankees se rétrécissaient progressivement. Très peu d'Américains vivaient en Haïti et les relations culturelles entre les deux pays étaient insignifiants. La proximité d'Haïti avec les Etats unis D'Amérique ne jouaient aucun rôle dans l'expansion commerciale entre les deux nations. Le montant des investissements américains en Haïti aux environ de 1914 était de $ 4 millions de dollars compare a $220 millions a Cuba et $ 800 millions au Mexique.

Le complot pour envahir Haïti a été monte de toutes pièces par le Département d'Etat et la Citibank . Les troubles politiques de 1914 -1915 en Haïti étaient financées par Roger Farnham, PDG de la Citibank qui travaillaient en étroite collaboration avec Mr Josephus Daniel , le secrétaire de la Navy. Leurs objectifs furent clairs : trouver le prétexte idéal pour occuper Haïti. Comme les cacos s'approchèrent de Port au Prince, le général Charles Oscar décida de vider les prisons et organisa un carnage. Des témoins ont rapporte qu'ils purent voir le sang des victimes coule jusqu'aux portes du pénitencier de la rue du centre. Réveilles par la nouvelle choquante du bain de sang, la populace envahit les rues et le président Vilbrun Guillaume Sam fut lynche. Dans l'après midi de ce sinistre Vendredi, 330 marines débarquèrent a Bizoton au Sud de Port au Prince. La première république noire du monde était sous le contrôle des tenants de la doctrine de Monroe.

Les Américains, Charlemagne Peralte et le reinstatement de la corvée.

Dans la soirée même de leur débarquement les envahisseurs essuyèrent les coups de feu du caporal Pierre Sully dans le sud de Port au Prince. Les patrouilles nocturnes des occupants durent marcher au milieu de la route afin d'éviter de recevoir en plein visage les fatras provenant des maisons avoisinantes. Au moment de l'intervention une armée de cacos était mobilisée et Port au Prince se trouvait déjà encercle. La situation devint plus grave pour les habitants de la ville qui ne pouvaient s'approvisionner en nourritures. Les envahisseurs firent venir directement de la nourriture et suppléèrent les habitants de la capitale afin de les sauver de la faim. Mais sous l'insistance du secrétaire d'Etat Daniels les distributions de nourriture furent suspendues. Dans une lettre qu'il écrivit au Président Wilson, il avait fait etat de son appréhension :<< C'est très dangereux de continuer avec les distributions de nourritures parce que les haïtiens comme les negres du Sud des Etats unis vont abandonner les plantations>>.

Au moment de l'intervention américaine, le réseau routier national construit par les Francais était tombe en désuétude et les modernes véhicules de l'occupant arrivaient a circuler difficilement a travers le pays. Ne disposant pas de fonds pour de tels travaux, les américains retirèrent dans les tiroirs une ancienne loi haïtienne datée de 1864, selon laquelle les paysans travaillaient dans la construction de route afin d'éviter de payer des taxes. Ce système fut connu sous le nom de ''la corvée''. Cette décision par l'occupant de rétablir cette ancienne méthode fut ressentie comme une insulte par les paysans haïtiens. Notons que beaucoup d'entre eux possédaient leurs petits lopins de terre pour travailler. Cette situation favorisa le recrutement par Charlemagne Peralte et il constitua une guérilla armée qui devint le symbole de l'anti occupation. De plus les fréquents massacres de paysans entrepris par les américains augmentaient l'énergie des hommes de Peralte. En un clin d'œil, son armée avait grandi pour atteindre 40.000 hommes. Malheureusement, les cacos de Peralte mal entraines et sous équipes face a la puissance des américains ne combattirent qu'avec leur cœur. Les américains anéantirent l'armée des cacos et Charlemagne Peralte fut crucifie après avoir été trahi par un infiltrateur du nom de Jean Conze. Maintenant après l'écrasement de la révolte, les occupants allaient s'affairer dans la création des Forces armées d'Haïti pour remplacer l'ancienne gendarmerie.

Le mulatrisme a son paroxysme.

Depuis la guerre du Sud entre André Rigaud et Toussaint Louverture les vestiges du mulatrisme et du noirisme ont déjà été implantes. Apres l'indépendance, la lutte a continue avec ce qu'on a appelé « la politique de doublure >> ou les mulâtres tout en restant aux commandes réelles du pouvoir plaçaient un noir a la présidence. Avant l'intervention les onze précédents présidents étaient noirs.Rosalvo Bobo et Sudre Dartiguenave devinrent les finalistes d'une élection présidentielle organisée par l'amiral Caperton et le capitaine Beach. Face au nationalisme du Dr Bobo, les américains préférèrent le président de la chambre du sénat Sudre Dartiguenave. Ce dernier admirateur de Mussolini et du fascisme fit beaucoup de concessions aux américains. Il accepta de leur livrer le contrôle de nos douanes, du mole Saint Nicolas, de la Banque Nationale, de payer l'argent pour les travaux de chemin de fer inachevés. Par dessus tout, il réclama la protection de marines face a l'hostilité des masses haïtiennes. Les américains ont nomme Louis Borno pour remplacer Sudre Dartiguenave après quatre années. Comme son prédécesseur, il pensait que l'occupation fut une bonne chose pour le pays et permettrait d'aider a résoudre les maux du pays. Il collabora étroitement avec Russell, le haut commissaire américain et Cumberland le conseiller financier qui l'insulta en maintes occasions. Selon Hans Schmidt (128), le président haïtien Louis Borno dut faire la courbette et devenir le bon ami de Cumberland après que celui ci retint son cheque pour le forcer a beaucoup plus de respects.

Apres la grève des étudiants de Damiens et les troubles qui s'en suivirent, les américains changèrent de tactiques. Ils acceptèrent l'élection d'un mulâtre nationaliste en la personne de Stenio Vincent. Contrairement a ces deux prédécesseurs, ce dernier prit position pour le départ des américains. Le 15 Aout 1934 il s'auto proclama même comme le deuxième libérateur après Dessalines. Il garda le pouvoir jusqu'à l'élection de son successeur Elie Lescot. Ce dernier fut le représentant d'Haïti A Washington sous le gouvernement de Stenio Vincent. Sous son gouvernement, seulement des mulâtres pouvaient accéder aux hautes fonctions politiques

Le bilan de la première occupation américaine d'Haïti jusqu'à récemment constituait un sujet de débat parmi les intellectuels haïtiens. `De notre cote nous pensons que nombreux changements furent opérés dans le mode de gestion de l'Etat en Haïti. L'isolation d'Haïti du reste du monde était termine et les autres puissances Européennes suivirent le mouvement des Etats Unis d'Amérique. Des hommes d'affaires américains investirent dans le tourisme, le sucre, la figue banane et le tourisme. La création d'une force armée puissante devrait assurer la stabilité politique dans le pays. Cependant les américains n'ont pas abandonné leur racisme qui constitue le vecteur des relations sociales dans leur pays. Un mouvement baptise indigéniste inspire de l'œuvre de Jean Price Mars ''Ainsi parla l'oncle '' se développa dans toute la société haïtienne. Cette période sera déterminante dans la future orientation politique du pays.

Les jours de désobéissance sociale de Janvier 1946

Avant le débarquement des américains et l'élection de Sudre Dartiguenave a la présidence, présidents noirs et mulâtres se succédaient. Il y eut dans la politique haïtienne de l'époque un concept appelle « la politique de doublure >> selon lequel les mulâtres placèrent un président noir au pouvoir tout en conservant les rênes de l'Etat. Durand les 19 ans de l'occupation Américaine, seulement des mulâtres ont accède a la magistrature suprême. Les haïtiens restent divises quant au bilan de l'occupation. Pour certains membres de l'élite haïtienne favorable a l'occupation les américains auraient pu nous aider a développer Haïti, n'était ce la présence de ces emmerdeurs cacos qui ont livre une lutte sans répit aux occupants. D'un autre cote, cette occupation a soulève un courant nationaliste qui va dominer le futur politique de ce pays. Les américains ont tout envisage pour faire de cette occupation une réussite. Ils ont construit des routes, des ponts et des édifices publics. Ils ont reforme notre administration publique. Ils ont assaini les finances de l'Etat permettant au pays d'avoir un taux de crédit positif sur les marches internationaux. Il ne faut pas oublier que les américains ne sont pas habitues a un système ou le gouvernement prend en charge la vie des citoyens. C'est un modèle capitaliste dans lequel le secteur prive s'occupe des affaires.

Parmi les quatre présidents mulâtres qui se sont succèdes, Elie Lescot fut celui qui pratiqua une politique de ségrégation a visière levée.- L'historien Roger Dorsainville dans son livre « marche arrière >> rapporte qu'après avoir obtenu un poste sous le gouvernement de Lescot, il dut l'abandonner compte tenu de l'atmosphère raciste qui prévalait sous ce régime. De plus Lescot pourchassa sévèrement les intellectuels de gauche dans ce pays. Fatigue par ce ségrégationniste despote, au mois de Janvier 1946 les écoliers et les étudiants prirent la rue pour demander son départ du pouvoir. Les protestataires furent de toutes les couleurs. Certains témoins présents au cours de ces évènements continuent de parler ou d'écrire a propos de ce qu'ils appellent « la révolution de 1946 >>. Cependant nos recherches ne nous ont pas permis de retracer, ce qu'il y avait de révolutionnaire dans ce mouvement de désobéissance sociale. Toutefois, Dumarsais Estime parvint a récolter les dividendes en se faisant élire a la magistrature suprême.

J'ai eu la chance de lire un essai de Leslie Manigat publie dans les cahiers du chuduca a propos de ce qu'il appelle '' la revolution de 1946''. Il a révèle les noms des principaux participants de cet évènement. J'ai pu dénombrer qu'il y avait autant de noirs que de mulâtres manigançant ces évènements. Pourquoi parle t-on de victoire des noiristes ?

Louis Dejoie, mulâtre, élu sénateur du département de l'ouest fut un authentique acteur de Janvier 1946. Dumarsais Estime lui même est marie a une représentante de la bourgeoisie mulâtre. Le coup d'état dont fut victime le gouvernement d'Estime en 1950 propulsa le général Paul Magloire au pouvoir. Toute une littérature a été développée autour de ces évènements de 1946. Apres avoir analyse de nombreux papiers écrits sur ces évènements, nous n'avons pas pu arriver a la conclusion qu'une révolution eut lieu en Janvier 1946 en Haïti. Le réveil nationaliste et indigéniste occasionne par les dix-neuf ans d'occupation américaine continuait encore même après leur départ. N'oublions pas que tous les présidents haïtiens du temps de l'occupation furent mulâtres. Les excès de Lescot ont pousse la nouvelle classe moyenne noire issue de cette même période d'occupation a réclamer une plus grande part du gâteau. Ils ne voulaient que remplacer les mulâtres dans les services publiques. Comme dit le vieil adage :<<Ote toi , que je m'y mette >>

La longue période Duvaliériste.

Le 22 Septembre 1957 eurent lieu des élections présidentielles en Haïti dominées une fois de plus par la passion coloriste. Les candidats en présence représentaient les deux camps qui se sont affrontes pour le pouvoir depuis la fondation de cet Etat. Louis Dejoie dit –on fit une déclaration aux Gonaïves selon laquelle s'il gagnait les élections un mulâtre devrait représenter Haïti a Washington. Un témoin des évènements de l'époque me dit que cette déclaration porta une partie des officiers de l'armée a combiner les élections en faveur de Duvalier. Arrière petit fils du Président Fabre Geffrard, il reçut une éducation de première classe a Paris. Le slogan de son parti « PAIN >> reflétait son programme économique. Influence par sa formation d'ingénieur agronome, il voulait moderniser l'agriculture haïtienne. Il disait que seule la politique agricole pouvait sauver Haïti. En face de lui, François Duvalier, médecin d'origine modeste et représentant de cette classe moyenne crée par l'occupation américaine en Haïti. Noiriste militant, il a collabore avec le marxiste Jacques Roumain. Son parti l'Unité nationale programmait de relever le niveau de vie des masses de l'arrière pays. Duvalier remporta la victoire et les séquelles de son pouvoir continue de marquer la scène politique haïtienne encore aujourd'hui. Elu aux urnes, il va transformer le régime présidentiel haïtien en un système de présidence a vie et héréditaire.

Duvalier et le problème de couleur

Emigre de la colonie française de Martinique, Duval Duvalier s'installa dans la banlieue de Carrefour au Sud De Port au Prince. C'est dans cette commune que Urutia Abraham allait donner naissance a François Duvalier. Plus tard la famille s'établira au Bel Air ou Duval occupa un poste de juge de paix. Le petit Duvalier après avoir termine ses études secondaires au lycée Pétion fut admis a la faculté de Médecine de Port au Prince. Puis boursier du gouvernement américain, il entreprit des études post universitaires dans l'etat de Michigan. Revenu en Haïti, il va se consacrer a sa profession de médecin ou il devint célèbre dans la classe paysanne pour avoir pris en charge la campagne antipianique. Ce bref aperçu dans la vie du personnage Duvalier nous montre qu'il a réussi a se hisser grâce a ses efforts personnels au niveau de l'élite haïtienne. Certains veulent faire passer le régime de François Duvalier comme anti mulâtre. On rapporte que certaines familles mulâtres furent l'objet de persécutions spécialement de la part de certains tontons macoutes. De plus des familles entières furent éliminées a Jeremie,Jacmel, fond des blancs,cazal etc...+

Pourtant dans l'entourage duvaliériste on retrouvait certains mulâtres dont le plus célèbre fut Frederick Duvignaud, son premier ministre de l'intérieur. Les témoignages de certains mulâtres vont dans le sens contraire. Ils pensent qu'au début le régime de François Duvalier fut l'un des plus progressistes qu'avait connut Haïti jusque la. Cependant au fil des années, marqué par le harassement politique de ses ennemis, le régime se transformera en une machine a tuer. Au sein de la milice, de l'armée, et des nombreux services secrets se trouvaient de nombreux mulâtres duvaliéristes. L'arrogance traditionnelle de la classe mulâtre revigorée par les 19 ans de l'occupation yankee s'estompa et nombreux d'entre eux gardèrent le profil très bas. En bon opportuniste, Duvalier joua tantôt le jeu des américains tantôt la démagogie noiriste. Dans les deux cas, les mulâtres se retrouvèrent comme pris en sandwich. Face au régime Castriste solidement installe a Cuba, Washington permit a Duvalier de s'installer a vie en Haïti afin de protéger les intérêts capitalistes dans les Caraïbes. Des le début des années 30, Haïti avait été inféodée de l'idéologie marxiste. De nombreux jeunes mulâtres revenus d'Europe propagèrent la doctrine dans l'ile. Sous le leadership de Jacques Roumain, un parti communiste prit naissance en Haïti. Apres la mort de ce dernier partit très jeune, les mouvements de tendance marxiste continuèrent en Haïti. Duvalier ayant acquis de nombreux amis dans ce secteur les utilisa pour pénétrer les organisations. L'illustration de l'opportunisme Duvaliériste se manifesta pleinement dans ce que les historiens appellent le discours de Jacmel. Pour impressionner les américains afin d'obtenir l'aide économique, Duvalier se rendit a Jacmel une ville symbole du mulatrisme en Haïti. Il y prononça un discours dans lequel il menaça de tourner le pays dans le giron marxiste. Prit de panique les yankees cédèrent et ils arrêtèrent de pressionner Duvalier pour organiser des élections a la fin de son mandat en 1963.Non seulement il n'organisera jamais les élections, l'année suivante il se proclamera président a vie et y restera jusqu'a sa mort.

L'autre aspect de l'opportunisme Duvalierien se manifesta dans son noirisme démagogique. Les élections de Septembre 1957 furent un référendum sur la lutte de couleur en Haïti. François Duvalier et Louis Dejoie, deux représentants authentiques respectivement de la classe moyenne et de la bourgeoisie traditionnelle sollicitèrent de leur partisan la magistrature suprême. Le fonds de ces élections s'étendait jusqu'aux évènements de 1946 ou la classe moyenne s'insurgea contre la polarisation de l'administration publique et des institutions politiques du pays formalise durant les 19 ans d'occupation yankee et qui atteignit son apogée avec Elie Lescot. Dans ce contexte de lutte de couleur, la grande majorité des intellectuels noirs bascula dans le camp de Duvalier. L'armée ne fut pas impartiale. Apres l'expulsion du pays du candidat populiste noiriste Daniel Fignole, les cadres noirs de l'armée se penchèrent en faveur du sournois noiriste symbolise par François Duvalier. Très vite, certains de ces intellectuels le regretteront. Ils durent choisir entre la soumission absolue, la prison a jamais, ou l'exil a vie.

Dans son programme politique, le candidat Duvalier promit d'améliorer les conditions de vie des masses de l'arrière pays. Comment ? Nous n'avons pu retrouver dans nos recherches aucun programme économique élabore par le gouvernement de Duvalier visant la rédemption des masses ou de ce qu'on appelle le pays en dehors. Des la fin de l 'année 1957, les forces paramilitaires de Barbot transformèrent les nuits de Port au Prince en des veillées nocturnes de survie. Des DKW (voiture allemande en vogue a l'époque) sillonnèrent les rues de Port au Prince a la tombée de la nuit avec des cagoulards (hommes masques) qui pénétrèrent dans certaines maisons procédant a des arrestations sans mandats. Dans presque tous les cas les familles ne reverront plus leurs membres arrêtes. Tous les secteurs furent frappes : étudiants, artistes, commerçants, industriels ,intellectuels. C'est dans ce contexte que commença l'exode de la classe moyenne et de la bourgeoisie noire et mulâtre vers l'étranger. C'est alors que rentrèrent sur la scène de Port au Prince les masses de l'arrière de pays dont Duvalier fit référence souvent dans ses discours monotones. Le régime duvaliériste constitua le symbole de la centralisation administrative en Haïti. Port au Prince est devenue une capitale république.

Toutes les décisions regardant le pays y sont émanées. Dans un article publie dans le journal le Nouvelliste, le très répute économiste Marc Bazin signalait que la chute du PIB haïtien a commence a partir des années 60 après les années merveilleuses de Dumarsais Estime dont Duvalier pédagogiquement se proclamait être l'héritier.

Le secteur import-export domine par les immigrants Arabes continue d'être le principal centre d'activités du pays. Ces Arabes n'ont jamais été inquiètes par François Duvalier. Alors qu' ils s'enrichissaient très rapidement, leurs profits furent expatries dans des banques étrangères. Aucun investissement a long terme dans l'industrie, l'agriculture ou le tourisme ne fut entrepris par ces commerçants. D'ailleurs le gouvernement de François Duvalier ne s'engagea jamais dans un programme de développement économique a court ou a long terme. Les mulâtres de la bourgeoisie traditionnelle qui pour la plus part se retrouvèrent dans le camp de Dejoie, ne participèrent pas dans le gouvernement Duvaliériste. Nombre d'entre eux durent laisser le pays par peur de représailles. A chaque fois un groupe complota contre le gouvernement, la répression qui s'en suivit fut presque aveugle. Dans l'armée et dans la fonction publique, les mulâtres traditionnels devinrent sous François Duvalier une minorité. Parfois dans certains cabinets ministériels de Duvalier ne figuraient aucun mulâtre. Peut être ce fut une stratégie de papa doc pour satisfaire les noiristes de son gouvernement. En fin machiavelliste, on dit que Duvalier savait comment diviser ses partisans. Par example, en 1967, dans le conflit qui opposa ses deux gendres Max Dominique et Luc Albert Foucard, il trancha en faveur de ce dernier. Sans l'opposition farouche de sa fille Denise Duvalier, le colonel Max Dominique eut connu le même sort que ses 19 autres compagnons d'armes.

Jean Claude Duvalier : Apres nous c'est nous encore.

Accède au pouvoir a l'âge de 19 ans, Jean Claude Duvalier proclama qu'il allait remporter la révolution économique après que son son père eut gagne la révolution politique. Avec les prix du café en hausse sur le marche international, la création de nombreux usines de sous traitance a Port au Prince, le pays connut une période de croissance économique soutenue durant des années. Le vieux problème de couleur semblait être relégué au second plan. D'ailleurs Bébé Doc comptait dans ses périodiques remaniement ministériels de nombreux mulâtres qui firent le va et vient. Au cours de la célébration du mariage entre Jean Claude Duvalier et Michelle Bennett(une mulâtresse), L'archevêque François Li gonde déclara << ce mariage représente la réconciliation des deux élites >>. Ce fut peut être sa façon de reconnaitre que sous le gouvernement de François Duvalier , certains mulâtres avaient été persécutes au bercail. Une partie de cette élite revenue dans le pays sous le Jeanclaudisme mettait leur entrepreneurial habilité au service du pays. Ce fut le début de la sous traitante industrielle en Haïti qui va connaitre un essor fulgurant jusqu'aux environs de 1986. A l'example des pays appelles « les tigres d 'Asie >, Haïti offrit aux grandes multinationales de venir exploiter son main d'œuvre a bon marche. A la fin des années 70s Haïti devint le lieu de prédilection des investisseurs de la sous traitance dans les caraïbes. Dans les milieux JeanClaudistes on se réjouissait. Certains ministres dont le fameux Roger Lafontant comparèrent Haïti comme le Taiwan des Caraïbes.

D'un autre cote cette classe d'entrepreneurs dont nous avons mentionne plus haut, jetèrent les bases d'une industrialisation agricole dans le pays. Cette période a constitue l'une des plus florissantes dans l'Histoire économique d'Haïti. Le mariage de Jean Claude Duvalier et de Michelle Bennet allait consacrer le retour en force des mulâtres sur la scène politique haïtienne.

Le Benettisme

Avant le mariage de Michelle avec le président a vie Jean Claude Duvalier, Ernest Bennet était un homme d'affaires moyen. On dit qu'il fit un peu de fortune dans l 'import-export, spécialement dans le café et le cacao. Immédiatement après que Michelle entra au palais pour vivre avec le président a vie, la fortune de la famille changea. Michelle Bennett ou la femme aux grandes lunettes comme la malice populaire la surnommait devint omniprésente dans tout. Elle nommait et révoquait les cabinets ministériels. Elle transférait a sa guise les hauts grades de l'armée. Elle ne fut jamais tendre avec les tontons macoutes qui bastonnèrent son père dans les années 60s sous la période répressive de François Duvalier. Très vite elle devint riche. Les virements sur ses comptes a l'étranger se faisaient au grand jour dans les locaux de la BRH. Prosper Avril, le conseiller militaire de Jean Claude Duvalier, monitoraient a distance les transferts. Sa fidélité et ses flatteries n'empêchèrent pas a la première dame de le renvoyer parce que dit-on il observait de trop prés les mouvements de ses comptes bancaires a l'étranger. (Rappelons pour l'histoire que surpris par cette décision de la première dame, le tout puissant Roger Lafontant décida de rendre une visite de courtoisie au colonel révoqué.

C'est alors que a peine dans le salon Prosper Avril se mit a genoux et tète baissée pour implorer la pitié du ministre de l'intérieur). Michelle se rendit souvent a New York pour faire ses achats parce que les magasins haïtiens ne vendaient pas le type de vêtements que requerrait les chambres refroidies qu'elle fit placer au palais national. Malgré sa vulgarité et son penchant pour les mots grossiers, elle parvint a se tailler une bonne image dans l'opinion publique. Grace a la propagande menée tambour battant par la télévision nationale, elle gagna de popularité dans le peuple.

Une autre branche du benettisme s'étalait entre les mains des frères de Michelle. Ces messieurs s'immiscèrent dans toutes sortes de contrebandes. Du trafic de la drogue a l'immigration clandestine, les Bennet ne lésinèrent pas sur les moyens de faire de l'argent. Ernest Bennett refusa catégoriquement de payer les droits de douane et alla même jusqu'a menacer de révocation un directeur trop zèle a la Douane de L'Aéroport. Dans tous les ministères avec un coup de fil de Bennett tout s'exécuta en un clin d'œil. Aucun sentiment anti mulâtre ne se manifesta dans le pays. La hausse des prix du café sur les marches internationaux et l'augmentation du nombre d'usines de sous traitance permirent a l'économie haïtienne de réaliser une croissance annuelle de 5%. Ce fut l'époque d'apothéose du Jeanclaudisme, car bébé doc se démarqua nettement des méthodes du Duvaliérisme. Comme il le répéta dans ses discours, il a voulu gagner la révolution économique après celle politique remportée par son père. La réconciliation des deux élites prononcée par l'archevêque Ligonde ne se manifesta pas dans les corridors du pouvoir. Les prises de gueule répétées entre Michelle et Simone Duvalier gâchèrent l'atmosphère familiale au palais national. La tension fut si grande que Simone dut se déloger de ses appartements au palais. De plus, au cours d'une cérémonie spéciale organisée a la chambre unique des députes Michelle fut proclamée première dame tandis que Simone obtint le titre de gardienne de la révolution. Ce conflit commence au sein de la famille présidentielle se répandit a travers la classe politique. La vielle garde Duvaliériste n'eut autre choix que d'accepter les excentricités de Michelle Bennett. Entretemps sous les poids de trop de dépenses non fiscalisées, le déficit Budgétaire du gouvernement s'aggravait. Comme dit le vieil adage, le marche devint trop petit pour tous ces larrons. Déjà en 1981, le Fonds Monétaire International, avait force le gouvernement a placer Marc Bazin au ministère des Finances. Sa mission fut d'assainir les finances publiques haïtiennes. Tous les comptes non fiscaux desquels émergeaient les nombreux chèques des manitous du régime allaient être budgètes sous Bazin. Mr Clean comme le surnommait les américains devait aider Jean Claude Duvalier a résoudre le désordre budgétaire afin de sauvegarder la pérennité du régime Duvaliériste. Mais la vieille garde Duvaliériste tint bon et Mr Clean fut remercie. Son départ fut salue par des réceptions organisées dans l'administration publique haïtienne. J'avais pu assister a une cérémonie spéciale préparée dans les salons diplomatiques de l'Aéroport après le départ de Marc Bazin par les tontons macoutes et ce jour la, le champagne coula a flots pour dit on célébrer le départ de ce ministre camoquin qui avait coupe trop de chèques zombis dérangeant le train de vie somptueuse de certains gros fonctionnaires. Malheureusement pour eux, ils avaient chasse un sauveteur, car le régime s'embourbera dans une crise économique très profonde. En avril 1984, éclatèrent les émeutes de la faim aux Gonaïves. Au cri de '' a bas la misère'' des gens d'une bidonville des Gonaïves dénommée Raboteau gagnèrent les rues. Les ministres d'Etat envoyés sur les lieux furent reçus a coup de pierres et les vitres de leurs luxueuses voitures furent brisées. De retour a Port au

Prince, l'un d'entre fut révoqué pour avoir dit la vérité a la face du président a vie.

Un Bizarre incident—

Au cours d'une soirée dansante dans une fameuse boite de nuit dénommée Kings club un incident se produisit entre deux bambocheurs. Dans la mêlée le propriétaire du club, un certain Baptiste intervint pour mettre le calme. Il était selon certains témoins, le propriétaire du club. Des échanges de coup de feu s'en suivirent et un individu tomba raid mort. Il fut identifie comme l'un des chauffeurs et homme de main du redoutable Roger Lafontant. Le tireur, Baptiste, un mulâtre était considère très proche de Theodore Achille lui aussi un Mulâtre considère dans le cercle intime de la première dame. Les choses se gâtèrent jusqu'au point ou Theodore Achille fut renvoyé du cabinet ministériel. Certains disent que ce fut l'œuvre du tout puissant Roger Lafontant. Il se rendit personnellement dans les studios de la télévision nationale pour lire l'arrête présidentiel consacrant la révocation de Theodore Achille. Le banal incident dégénéra et prit l'aspect d'une affaire de couleur. Déjà le bateau Duvaliériste prenait eaux de toutes parts. Deux mois après l'incident de Kings Club le très redoute Roger Lafontant fut mis aux arrêts dans sa résidence et conduit a l'aéroport militairement pour être chasse du pays. Ce fut l'œuvre de la première dame qui dit-on devenait très suspicieuse a l'égard de Roger Lafontant. Pour d'autres observateurs l'échec retentissant du referendum organise le 29 Juillet pour prouver la popularité du régime fut la vraie raison du départ de Roger. Ce dernier devint si populaire au sein du régime que le président a vie lui même contrôlait ses mouvements au palais national. Et le bateau duvaliériste continua de sombrer lentement jour après jour.

Le déficit budgétaire s'élargissait car il y avait trop de gens a payer dans les caisses de l'Etat. Les américains veillèrent au détour et au moment opportun complotèrent avec le haut Etat major de l'armée la chute du Duvaliérisme en Haïti.

Les forces armées au pouvoir.

Pour éviter un bain de sang dans le pays, et afin d'entrer la tète haute dans l'histoire, j'ai décide de passer les rennes du pouvoir aux forces armées d'Haïti. Ce fut l'essentiel du dernier message de Jean Claude Duvalier comme président d'Haïti. Les incidents éclatés aux Gonaïves au mois de Novembre et la manifestation anti gouvernementale dans une rue de Port au Prince juxtaposant le palais national au mois de Décembre après un concert catholique furent les deux grands sujets de conversation politique dans le pays lorsque l'année 1985 toucha a sa fin. L'année 1986 commença avec le traditionnel discours du président au cours duquel aucun indice ne signala la chute imminente du régime. Certainement, dans les milieux opposants on savait que quelque chose allait se produire. Informe par leur agents dans le pays de la maturité du complot contre le régime, le département d'Etat, a travers Larry Speaks annonça dans la nuit du jeudi 30 Janvier le départ pour l'exil de Jean Claude Duvalier. Cette annonce fonctionna comme un test pour prouver a Jean Claude Duvalier son impopularité en Haïti et a l'étranger. En effet dans toutes les villes étrangères a forte présence haïtienne, les gens gagnèrent les rues en signe de joie. A Port au Prince, ville ou je suis ne et grandi, pour la première fois dans ma jeune vie d'adulte, je vis des gens chanter a haute voix leur contentement de la fin du régime des Duvalier. Cependant, très tôt dans la matinée des camions remplis de macoutes stoppèrent toutes les manifestations de joie. De nombreuses arrestations furent opérées et des bastonnades en pleine rue furent délivrées. Il faut mentionner que le capitaine Paul Casimir ce jour la agit d'une façon inédite car il utilisa son microphone pour parler a la foule. Dans un calme serein, il leur demanda de rentrer chez eux car le président a vie était au palais national. Vers les dix heures du matin, habillée en tenue légère, le président a vie fit une tournée dans les rues de Port au Prince. Il était au volant d'une voiture de marque Range Rover. Interroge par un reporter, il déclara au micro de la Télévision Nationale D'Haïti : ke Makal la pa casse, li la pired (la queue du singe n'était pas brisée, elle tint bon encore). Dans les rues les activités avaient repris et la journée se termina calmement. Et la nuit des patrouilles de l'armée et de la milice parcoururent la ville. Lundi matin la vie reprit de plus belle et personne ne parlait plus de ce faux départ annonce. Cependant les opposants au gouvernement savaient tout sur le départ imminent de Duvalier. Dans ces milieux, on ne dormait pas avec les deux yeux fermes. Une vaste rumeur se répandait dans les quartiers du bas de la ville que des noms furent places sur des listes et que des arrestations allaient être opérées sous peu. On était la quand toute la ville se réveilla a l'annonce du dernier discours du Jean Claude Duvalier et les images du couple présidentiel a bord d'une voiture en route vers l'Aéroport.

Au petit matin, ce fut le tour du général Henry Namphy de prononcer le discours d'introduction du conseil national de gouvernement. Ce mulâtre de 51 ans prit la tète du conseil national de gouvernement. Très peu connu du grand public, le nom du général Namphy ne se trouvait inscrit dans aucune des grandes périodes de répression Duvaliériste. Politiquement, personne ne pouvait classer ce général qui a survécu les grandes purges effectuées par François Duvalier dans l'armée. Le problème de noirisme et de mulatrisme ne se rejaillit pas dans l'arène politique au moins officiellement.

La bamboche démocratique d'Henry Namphy.

Quand au matin du 7 Février le conseil national de gouvernement   fut introduit au peuple haïtien, le général Henry Namphy fut le moins connu parmi les 5 membres. Commissionne cadet a la sortie de la promotion de 1956 de l'académie militaire, il parvient a se hisser a la tète de l'Etat major de l'armée deux ans avant la chute de   Duvalier. D'ailleurs il est considère comme l'un des protagonistes de ce départ force de Bébé Duvalier. Très vite Henry Namphy dut reformer le conseil national de gouvernement   a cause des manifestations populaires contre Prosper Avril Et Alix Cineas. Il garda le contrôle du CNG malgré la démission spectaculaire de Gérard Gourgues. Il créa un style de gouvernement qu'il baptisa bamboche démocratique. Tafiateur impénitent d'après son entourage, il continuait   a boire même durant sa présidence. La politique de libéralisation économique entamée par Lesly Delatour permit de faire baisser les prix sur certains produits de première nécessite. Ce qui rendit le bamboceur très populaire au moins dans le court terme. Une nouvelle constitution fut adoptée parcequ'on y avait inclut un article excluant tous les Duvaliériste des prochaines joutes électorales. Pour des raisons inexpliquées le secteur démocratique s'acharna sur le Colonel Williams Régala (un noir) en réclamant sa démission, tandis que son complice Henry Namphy un mulâtre) jouissait d'une belle image a travers les médias. Et puis vinrent les élections du 29 Novembre 1987 au cours desquelles le bamboceur prouva qu'il pouvait se transformer en massacreur selon les circonstances. En effet des dizaines de citoyens furent exécutés tandis qu'ils s'alignaient seulement pour choisir leur dirigeants. Les membres du CEP ou conseil électoral provisoire se refugièrent a l'étranger. Le 17 Janvier 1987, au cours d'une farce électorale organisée parmi les candidats les plus impopulaires des dernières élections, Leslie Manigat fut sélectionné comme président de la république. Les quatre candidats favoris pour les élections du 28 Novembre avaient forme une alliance pour boycotter la mascarade. Au cours de la prestation de serment du président élu, les éclats de rire des Généraux Namphy et Régala prédisaient que quelque chose de burlesque devait se produire sous peu. Apres quatre mois de gouvernement, Leslie Manigat se retrouva pris au piège dans un conflit entre le General Henry Namphy et le colonel Jean Claude Paul. Le General imita une fausse signature du président pour révoquer le colonel. Apres réception de la lettre le colonel se rendit en colère dans les bureaux du président qu'il avait sélectionné afin de s'informer des raisons de sa mise a l'écart. Ce dernier déclina toute responsabilité et jura que la signature au bas de la lettre était fausse. Pour des raisons non éclaircies, Leslie Manigat décida de procéder a des reformes dans l'armée. Le General Namphy fut mis a la retraite et place en résidence surveillee. Prosper Avril qui lui aussi avait été transfère de son poste de la garde présidentielle sonna la trompette de ralliement au sein de l'armée. Seulement soixante douze heures après les changements dans l'armée , des blindes se rendirent a la Villa Moira pour signifier a Leslie Manigat qu'il n'était plus président de la république. Au cours de la soirée ces mêmes blindes se rendirent a Lillavois, pour réinstaller le General Namphy a la tète du pays pour la deuxième fois. Cette deuxième présidence du General ne dura que trois mois. Le 17 Septembre, un groupe de soldats et sous officiers se révolta contre le General Namphy. A leur tête Patrick Bauchard, un sergent cantonne dans la garnison du palais national. Le General Namphy fut menotte a la corde, place dans un tank de l'armée et conduit a l'Aéroport pour être exile en République Dominicaine. Le General Prosper Avril fut installe par les petits soldats a la tête du pays. Rappelons pour l'histoire que sous prétexte d'amener ses enfants aux USA pour la rentrée scolaire ,le général Avril fit une visite éclaire a Washington le lendemain du massacre opère a l'Eglise Saint Jean Bosco le Dimanche 11 Septembre 1988.

Les élections de 1990.

Apres le **massacre de la ruelle Vaillant le 29 Novembre 1987, le secteur dit démocratique regroupant presque toute la gauche Haïtienne se réorganisa. Pendant ce temps, la division au sein de la hiérarchie militaire s'accentua . Les coups d'Etat répétés constituèrent la preuve de cette malaise au sein de l'armée. Le prestige de l'institution militaire fut grandement affecte. Alors qu'un grand courant de libéralisation démocratique traversait l'Amérique Latine, les militaires haïtiens ne s'en rendirent pas compte. Aussi ils se retrouvèrent face a face avec la stratégie globale de Washington dans la région. Le General Prosper Avril bénéficia d'un coup d'Etat dit on qui fut organise par la base de l'armée. Cependant des informations de source sure révélèrent plus tard que le General fit un tour secret a Washington avant le déclenchement du coup . Ses supérieurs hiérarchiques au sein de la grande agence lui donnèrent l'ordre de lacher le General Henry Namphy. Quelle différence fait-il entre Namphy et Avril ? La situation générale du pays ne changea pas d'une pouce. L'insécurité générale gagna du terrain dans le pays et chaque soir des étrangers pénétrèrent dans les foyers pour piller et massacrer la population. Washington ne prit aucune initiative économique pour aider les militaires. Le trafic de drogue devint un moyen normal utilise par certains militaires pour s'enrichir. Profitant de cette opportunité, les barons de la drogue en Amérique Latine envahirent Haïti et en peu de temps, le pays se transforma en une plaque tournante de la marchandise a destination des Etats Unis. Le General Avril tenta d'organiser un forum politique, mais une partie de l'opposition sabota cette** *initiative. La réaction du General fut immédiate. Trois figures de proue furent arrêtes : Evans Paul (KID),Jean Auguste Mesieux (CATH_CLAT), Patrick Bauchard(un des putschistes du coup portant Avril au pouvoir. Ils furent tortures et montres a la nation haïtienne dans un film qui choquèrent le pays entier. Ainsi le General Avril perdit l'estime de toute la classe politique et des haïtiens en General. C'est alors qu'un ambassadeur américain surnomme Bourik Charge par la malice populaire fit son entrée sur la scène politique haïtienne. Ragaillardi par son soutien, l'opposition haïtienne se regroupa afin de chasser Prosper Avril du pouvoir. Ce dernier devint tout puissant après l'échec du coup d'Etat tente par certains militaires proches des Duvaliéristes. En effet arrêté et emprisonne dans la garnison du corps des léopards sous le commandement du colonel Himmler Rebu, Prosper Avril fut libère après que les hommes du Sergent Hébreux prirent contrôle du palais national. Les putschistes furent emprisonnes et expulses du pays. Arrives aux USA, ils furent de nouveau emprisonnes parce que dit-on le responsable de la grande agence en Haïti ne fut pas au courant du coup d'Etat. Si Avril put s'échapper de ce guet-apens, maintenant face a Bourik charge ce sera une autre histoire.*

Les étudiants de toutes les facultés se mobilisèrent ainsi que des journées de grèves furent organisées par le secteur syndical. La pression de Bourik s'accentua et le General Avril céda. Pour la première fois les rênes du pays allaient être confiées a une femme : Herta p Trouillot. Ce juge de la cour de cassation avait pour mission la réalisation des élections dans le plus bref délai.

Au mois de Juillet 1990, Roger Lafontant, ancien chef macoute et ministre de l'intérieur jusqu'en Septembre

1985 débarqua inopinément dans le pays. Sa mission dit-on était la réunification du secteur Duvaliériste sous un seul commandement.

La gauche utilisa la même procédure de 1987 en formant un front uni avec pour candidat le professeur Victor Benoit a la place de maitre Gérard Gourgues. La réponse duvaliériste survint avec l'organisation du congres de Vertaillis consacrant Roger Lafontant comme le chef. Le conseil électoral fut remis en place et curieusement les mêmes personnes qui durent gagner l'exil en 1987 reprirent leur poste au conseil électoral.

Bourik chage entretenait des relations avec tous les secteurs politiques haïtiens. On rapporte que dans un entretien avec Jean Bertrand Aristide, le cure de la paroisse Saint Jean Bosco dont l'église fut incendie par les sbires de Frank Romain et d'Henry Namphy, il lui questionna sur son silence a propos du processus électoral en cours. Dans les milieux proches du prêtre cette question du diplomate fut interprétée comme une invitation a monter dans le train électoral. Dans une pirouette antidémocratique la gauche se réorganisa sous un nouveau label dénommé FNCD et au cours d'une réunion ils décidèrent de se débarrasser de Victor Benoit au profit du cure de Saint Jean Bosco. Désemparé et sans autre recours le professeur dut céder la place. Dans les milieux de la gauche on chuchotait que la peur de Roger Lafontant avait inspire ce changement. Marc Bazin répute l'homme des Américains était jusque la favori dans les sondages. L'annonce de la candidature du cure produit un onde de choc et les enquêtes le donnèrent gagnant avec un raz de marée. Une bombe placée par une main experte durant une visite du candidat a Kenscoff retourna toute l'opinion publique en sa faveur. Les des furent jetés et le 16 Décembre 1990 Jean Bertrand Aristide devint président de la république. Sa victoire fut incontestable. Jimmy Carter débarque la veille pour célébrer avec Marc Bazin dut rentrer bredouille en Atlanta.

On se préparait pour l'installation du nouvel élu le 7 février 1986 et le pays s'apprêtait a prendre une nouvelle direction. Soudain pique par on ne sait quelle mouche, Roger Lafontant avec la complicité d'une partie de l'armée s'empara de deux chars blindes et tenta un coup d'etat dans la nuit du 6 Janvier 1991. On rapporte qu'il fit un coup de téléphone a Bourik charge pour l'informer de sa décision. Il lui adressa en ces termes : Mr l'ambassadeur, je suis en contrôle au palais national pour assurer le retour au pouvoir du Duvaliérisme. Et la Bourik de lui répondre, dans quelques heures on verra.

Apres le message télévise annonçant le coup d'Etat, les masses populaires des bidonvilles ceinturant la capitale gagnèrent le béton. Dans un mouvement digne d'une armée, elle encercla le palais national et Roger Lafontant fut fait prisonnier. Le tout puissant ministre de l'intérieur n'en reviendra pas. Ce fut son dernier tango politique. Il sera assassine en prison quelques mois plus tard par une main invisible d'une balle a la nuque.

La comédie entamée par les putschistes du 6 Janvier constitua une parenthèse dans la mouvance démocratique du pays. Le 7 Février le président élut fut installe. Comme Sylvain Salnave ou comme Daniel Fignole, Aristide fit son entrée au palais national en leader populiste. Des gens du peuple prirent place parmi les invites du palais national. Dieu seul sait combien de représentants de l'élite économique du pays furent invites. Alors que les célébrations se déroulèrent, un mandat d'arrêt a été donne a la présidente sortante Herta Trouillot par Bayard Vincent, le commissaire du gouvernement . On dit qu'Aristide ne voulut pas qu'elle prit la fuite avant la fin de la cérémonie. Alors pourquoi pas une interdiction de départ a l'Aéroport. ? Arrive au palais National durant le discours inaugural, Titid récidiva, il insulta publiquement les colonels charges de sa sécurité et les révoqua de l'armée immédiatement. D'où la fameuse exclamation prêtée a Me Danièle Mitterrand assistant a la cérémonie d'investiture : quel Voyou ! Toujours sur la même lancée le nouveau président invita tous les pauvres du pays a venir déjeuner avec lui au palais national. Et les menaces continuèrent a l'endroit on ne savait de qui : pierre vivant en eau fraiche va connaitre la même douleur que pierre vivant sous le soleil.

Il choisit René Préval comme premier ministre pour diriger son gouvernement. Les camarades du front qui l'avaient choisit pour devenir leur candidat furent ignores. Les présidents Américains et Vénézuéliens conseillèrent la formation d'un gouvernement ouvert a tous les secteurs, mais le prêtre défroqué refusa en arguant qu'il avait obtenu 67% des voix de l'électorat. Ce fut dans cet atmosphère que le régime baptise plus tard Lavalas (eaux sales en furie) débuta son règne. Leur soutient était dans le gros peuple des bidonvilles et quelques opportunistes de la petite bourgeoisie. Il menaçait ouvertement tous ceux qui avaient un job dans l'administration publique ou en général tous ceux qui montrèrent une certaine réussite sociale. Très peu habitue des affaires l'ancien cure de Saint Jean Bosco ne se rendit pas compte que son régime était quasiment boycotte par la haute finance internationale. Même les entreprises de la charité internationale ne se bousculèrent pas a Port au Prince. Aucun plan de croissance économique ne fut annonce par le gouvernement. Des rumeurs de coup d'Etat replissèrent l'atmosphère. Des arrestations dans les milieux réputes Duvaliéristes et militaires s'opérèrent. Le jugement de Roger Lafontant leur procura un bon moyen de diversion de la population. Toutes les données étaient réunies pour un gouvernement populiste condamne a tomber de son propre poids.

Le Coup d'Etat du 30 Septembre 1990.

Le Dimanche 29 Septembre la ville de Port au Prince fonctionnait comme a l'ordinaire avec sa laideur devenue familière maintenant. Et soudainement des rafales d'armes automatiques étaient entendues dans les parages de l'académie militaire sur la route de Frères. Les bruits de tirs continuaient durant toute la journée et aucun officiel du gouvernement n'intervenaient pour informer la population. Comme cela se passa quelques mois plutôt a l'occasion du coup d'Etat de Roger Lafontant ,des supporters du gouvernement gagnèrent les rues pour aller a la défense du régime. Cependant cette fois ci, l'accueil était différent. Des témoins oculaires et des victimes racontent qu'ils ont vu des véhicules tout terrain semant la mort a chaque coin de rue de Port au Prince. Nos recherches ne nous ont pas permis de rejoindre la transcription du discours prononce par le General Raul Cedras expliquant les raisons de ce violent coup. Quelques mois auparavant , un précédent coup avait été déjoué contre le gouvernement élu démocratiquement le 16 Décembre 1990. Des problèmes personnels entre certains membres de l'armée et le nouveau gouvernement ne sauraient constituer des raisons pour renverser un gouvernement si populaire. D'ailleurs c'est ce qui peut expliquer la violence utilisée par les putschistes pour forcer la population a rester chez eux. Ce coup venait encore confirmer l'impréparation de l'armée a assumer la transition vers la démocratie qui leur avait été confiée cinq années plutôt.

Tim Weiner un journaliste américain dans son livre « Legacy of Ashes >> (l'héritage des cendres)commente la décision de l'ex président américain Bill Clinton de rétablir Jean Bertrand Aristide au pouvoir en Haïti en 1994. Il écrit ce qui suit : << Les images de soldats décèdes et traines a travers les rues de Mogadiscio étaient encore fraiches dans l'esprit des américains. Clinton s'engagea a restaurer le pouvoir du président élu d'Haïti, le prêtre de gauche Jean Bertrand Aristide. Il voulait faire justice au peuple Haïtien parce que a ses yeux Aristide symbolisait la légitimité. Pour cela il fallait retirer la junte militaire qui avait chasse Aristide du pouvoir. La plupart des leaders de la junte se trouvaient sur la liste de paiement de la CIA depuis des années, servant d'espions pour les opérations clandestines. Cette réalité fut une décevante surprise pour la maison blanche. Surprenante aussi fut la révélation que la CIA avait crée un service d'intelligence en Haïti dont les chefs militaires se chargeaient de la distribution de la cocaïne Colombienne, assassiner leurs ennemis politiques, et protéger leur pouvoir a Port-au Prince. La CIA fut placée dans la difficile situation de renverser ses propres agents. Ce qui provoqua un conflit direct entre la CIA et Bill Clinton. Aussi était mis en jeu l'assesment de l'agence qu'Aristide ne représentait pas un example de vertus. Woolsey décrivit le conflit comme purement idéologique. Le président et ses aides désespérément voulaient que la CIA présentait Aristide comme le prochain Thomas Jefferson haïtien. Nous de la CIA refusâmes et montrâmes les deux faces d'Aristide. Nous n'étions pas populaire a cause de cela, Woolsey avait raison. La maison blanche trouva l'analyse des faiblesses d'Aristide peu convaincante. Aussi, elle trouva l'attitude des putschistes très choquante.>>

Ce paragraphe relate par Tim Weiner dans son livre représente une attestation et peut nous permettre de comprendre l'origine du coup d'Etat du 30 Septembre 1990. Pourquoi la CIA a tant défendu les auteurs du coup d'etat afin d'empêcher le retour a l'ordre constitutionnel en Haïti ? Pour beaucoup d'observateurs dont je partage le point de vue, le coup d'etat du 30 Septembre 1991 représente un coup d'arrêt brutal a la transition politique entamée cinq années plutôt. Le général Raul Cedras et le président Jean Bertrand Aristide deux contemporains quoique d'origine différente pouvaient garantir la reconstruction économique et politique du pays. L'ancien archevêque de Port-au –Prince Jean François Ligonde parla de la Réconciliation des deux élites en Mai 1981 lors du mariage de Michèle Bennet et de Jean Claude Duvalier. Surement, il voulait stigmatiser l'origine noiriste de Jean Claude Duvalier et l'origine mulatriste de Michèle Bennet. La nomination de Raul Cedras a la tète de l'armée par Jean Bertrand Aristide fut très bien perçut dans tous les milieux politiques du pays. Un noir a la présidence et un mulâtre a la tête de l'armée. On pouvait espérer que cette nouvelle réconciliation aurait plus d'impact vu la conjoncture dans laquelle se débâtait le pays. Raul Cedras est un mulâtre de la petite bourgeoisie et ses parents ont longtemps été des Duvaliéristes notoires. Son grand frère Didier occupa de hautes fonctions sous l'administration Jean Claudiste. D'ailleurs toute sa promotion a l'académie militaire fut considérée comme des amis personnels de Jean Claude Duvalier. Jean Bertrand Aristide est un noir d'origine très modeste. On rapporte que ses parents étaient pauvres et originaires du Sud. Très tôt orphelin, il a grandit sous la protection des frères Salésiens et il est devenu un prêtre de cette congrégation. Parti faire des études a l'étranger, il est revenu au début des années 1980 pour répandre la théologie de la libération en Haïti. Ce faisant il est devenu l'un des principaux opposants au régime Duvaliériste. Je me souviens de mes copains qui m'invitèrent a assister la messe a Saint Jean Bosco chaque Dimanche uniquement pour entendre les sermons de ce prêtre qui faisait courir tout Port-au-Prince. Par conséquent en 1991, Haïti pouvait finalement bénéficier de la présence de ces deux jeunes leaders pour entamer un processus de réconciliation nationale qui paverait la voie pour le décollage économique tant attendu depuis des lustres. Mais comme toujours dans ce singulier petit pays, la main invisible de la division opérait clandestinement. Les allégations de ce journaliste américain mentionnées plus haut dans ce chapitre nous permettent de comprendre un peu les sources de nos malheurs et de notre politicaillerie. Haïti est un pays pauvre. Son budget national est en constant déficit depuis des décennies. Le journaliste rapporte que les fomentaires du coup de 1991 était sur le payroll depuis des années et qu'ils étaient payes pour répondre aux ordres de la grande agence. Maintenant posons-nous la question suivante : Pourquoi la CIA a ordonne le renversement d'un gouvernement légitime après seulement sept mois ?. Je pense que le coup d'etat de 1991 a permis a Aristide de gagner des dividendes politiques qu'il n'aurait jamais obtenus après cinq années de gouvernement. Je fus convaincu a l'époque qu'Aristide n'avait pas le leadership pour opérer les changements nécessaires dans le pays. L'opposition aurait pu profiter pour lui battre aux urnes aux élections de Novembre 1996. Comme cela se passe aux Etats Unis, a Santo Domingo et un peu partout dans l'Amérique latine et les Caraïbes. Au cours des émeutes de la faim a Santo Domingo en 1980 la CIA n'avait pas ordonne un coup contre le président Dominicain. D'anciens camarades de promotions du General Cedras mentionnent qu'il est un mulatriste, idéologie suprématiste pratiquée par certains mulâtres haïtiens depuis André Rigaud. On dit d'Aristide qu'il est un autocrate et populiste. Peut-être sachant bien les différences entre ces deux leaders, les ennemis déclares de la nation haïtienne en ont profite pour encourager le général Cedras a faire dérailler la démocratie naissante dans le pays. De plus un embargo économique fut impose au pays durant trois ans afin de pressionner les putschistes.

La production intérieure brute du pays chuta entre 25 et 30%. Des commerçants ont été complètement ruines. Haïti est devenu carrément une plaque tournante du trafique de drogues dans les Caraïbes.

Tableau montrant l'évolution de la production industrielle en Haïti durant les 3 ans de l'embargo :

Produits	Unite/Millions	1989-1990	1990-1991	1991-1992
Allumettes	Bout	35.093	21134	21.551
Bieres	Bout	3958.8	4887	3281.2
Kola	Tonnes			
Sucre	Gallons	30.4		
Melasse	Tonnes	1.4		
Ciment	Tonnes	265.3	211	106.4
Clinker	Tonnes	114.9	172.7	91.7
Cigarettes	Unites	963.5	1101.9	897.8
Tissue/cotton	yards			
Tissue/Fiber	Yards			
Hails/less	Kilos	190	112.1	111.8
Hails/com	Tonnes	80.8	105	95.3
Saindoux	Tonnes	7.4	10.6	6.6
savor/lassie	Tones	43.9	49	34
Savona/toilette	Tones	0.6	1.9	0.6
Detergents	Kilos	1287.5	1214.6	912.7
Bearer	Kilos	2740.9	1546.8	1470.9
Electricity	Watts	535	491.2	347
Farina	Tones	106.2	62.2	11.6
		4992.3		

Source BRH-
Direction des
Etudes
Economiques-
Octobre 1993

INDICE ANNUEL DE LA PRODUCTION INDUSTRIELLE
PAR BRANCHE D'ACTIVITES
1987-1988 A 1991-92

BRANCHES D'ACTIVITES	1987-88	1988-89	1989-90	1990-91	1991-92
	Column1	Column1	Column1	Column1	Column1
INDUSTRIES ALIMENTAIRES					
INDUSTRIES DU SUCRE	124.5	100.04	111.62	107.71	98.27
BOISSONCS ET TABACS	0	0	0	0	0
TEXTILE/CHAUSSURE	80.69	108.11	113.16	114.99	99.87
MINERAUX/NON METALLIQUES	95.98	70.08	69.12	74.54	0
INDUSTRIES CHIMIQUES	109.9	100.06	82.81	91.92	69.21
INDUSTRIES DIVERSES	114.43	93.56	95.23	87.18	94.16
TOTAL	102.45	106.12	104.14	99.11	88.12
	627.95	577.97	576.08	575.45	449.63

SOURCE: BRH-DIRECTION DES ETUDES ECONOMIQUES-OCTOBRE 1993

EXPORTATIONS DES INDUSTRIES D'ASSEMBLAGE
EN MILLIERS DE DOLLARS

TYPE DE PRODUITS	1987-88	1988-89	1989-90	1990-91	1991-92
TULLES	1845.6	1792	1856	2542.7	2027
EQUIPMENTS	0	0	0	0	0
RECEPTEURS DE RADIO	73.072.6	59405	46093	40463	7679
MACHINERIE ET ACCESSOIRES	895	685.9	610.9	853.2	
ARTICLE DE VOYAGE	11364	9257.8	9642.6	12935	2396
VETEMENTS ET ARTICLES	136.415	114.535	108.043	146.538	68.121
CHAUSSURES	1.218.8	1500	1698.8	4298.7	1153
JOUETS/ARTICLES DE SPORT	47700	38169	33771	26485	11445
ARTICLES EN PLASTIQUES	10422	7972	8023	5886	991
APPAREILS OPTIQUES	26071	21050	14868	9406	597
TOTAL	**98.434**	**139946.2**	**116671.3**	**103016.1**	**26356.12**

SOURCE;: BRH-DEPARTMENT DES ETUDES ECONOMIQUES-OCTOBRE 1993

Bill Clinton et le retour a l'ordre constitutionnel en Haïti.

Selon le professeur Noam Chomsky, le candidat Clinton appuya le coup d'Etat contre le prêtre qu'on jugeait trop a gauche a Washington. Cependant arrive au pouvoir, le nouveau président changea de direction et maintenant voulait le retour a l'ordre constitutionnel en Haïti. Le General Raul Cedras changea de pupets en remplaçant Jean Jacques Honorat par Marc Bazin. Remarquons que l'agronome-économiste Honorat perdit son estime dans cette opération. Il convient de remarquer le caractère opportuniste de certains intellectuels haïtiens. Pourquoi des activistes luttant pour le changement et le développent économique du pays peuvent-ils cautionner un tel gifle a la souveraineté du peuple ?. D'ailleurs, Jean Jacques Honorat sera jette aux oubliettes. Quant a Marc Bazin, ce perdant comme le surnomment ces patrons étrangers, rien d'étonnant qu'il a passe sa carrière politique a servir des gouvernements opposes et contradictoires.

Les militaires furent abandonnes a eux-mêmes des que les opportunistes se rendirent compte du sérieux de Bill Clinton a propos de l'opération retour a la démocratie en Haïti. L'embargo économique fut intensifie et la situation économique se détériorait. Fort de l'appui de leurs patrons a la grande agence , les militaires résistèrent. Ils allèrent même jusqu'à défier l'administration américaine en empêchant un navire militaire américain d'accoster le 30 Octobre 1993. Il est encore top. Au milieu de son terme et voulant pousser son agenda, Bill Clinton voulait cesser avec cette plaisanterie. Cette fois ci les ordres sont fermes et l'invasion est imminente. C'est alors que les putschistes furent vaincus et gagnèrent l'exil sous la huée du peuple.

La revanche d'Aristide : la débandade de l'armée

En Décembre 1994, deux mois après que le président Clinton décida d'envoyer les marines rétablir l'ordre démocratique en Haïti, Jim Wolseley démissionna de la CIA. Il perdit la bataille contre le président Clinton. Ses employés et agents de la junte militaire au pouvoir a Port-au –Prince ont été chasses afin de permettre aux haïtiens de retourner a l'ordre constitutionnel.

Apres son retour au pouvoir en Octobre 1994, Aristide commit une erreur quand il décida de relâcher l'armée durant l'année 1995. Cette décision a première vue parait comme une revanche pure et simple contre ses ennemis. Une fois de plus Aristide a prouve la faiblesse de son leadership. Il est peut être un bon activiste, mais sa capacité de gestionnaire n'est pas reflétée dans ses décisions. L'absence de tradition démocratique en Haïti constitue une réalité vivante. Cette version de l'armée haïtienne fut crée par les américains au cours de l'occupation de 1915-1934. Elle remplaça l'ancienne débile garde d'Haïti que les cacos et les piquets attaquaient des qu'ils voulurent changer de président. Recrutes au sein de la société civile, presque toutes les classes sociales étaient représentées dans cette armée. Apres le départ des Américains, l'armée d'Haïti devint une des forces sur l'échiquier politique et sociale du pays. Elles représentèrent une sorte de garant de la paix sociale si cruciale dans un pays de misères comme Haïti. Macoutisée, neutralisée, et humiliée par les Duvalier(père et fils), l'armée d'Haïti parvint au devant de la scène plique après les événements de Février 1986. Malheureusement aucun des généraux qui occupèrent le pouvoir ne trouva les moyens de professionnaliser l'armée. Elle sombra dans la corruption et le brigandage. Toute la classe politique haïtienne savait que certains membres de l'armée furent impliqués dans des cas de vols et de trafic de stupéfiants. Une fraction de l'armée réalisa le coup sanglant de Septembre 1991 et occupa illégalement le pouvoir durant trois ans. Malgré toutes ces raisons au passif de l'armée, la décision d'Aristide de la renvoyer ne recèle aucune justification. La nature a horreur du vide dit un vieil adage. Jean Bertrand Aristide et ses conseillers ne tinrent pas compte de ce vieux dicton. Et pour le malheur du pays les années qui suivront seront les pires qu'Haïti ait connues depuis son existence. Au niveau de la paix sociale le pays représente une catastrophe. La constitution de 1987 sous l'empire de laquelle Aristide a été réinstalle au pouvoir accorde une place de prépondérance a l'armée d'Haïti. Comment comprendre un président constitutionnellement rétabli qui décide de supprimer une autre institution dont l'existence est consacrée par la même constitution.

Dix années plus tard , Jean Bertrand Aristide tirera la leçon de son incompétence. Son incompréhension de l'histoire de son pays lui coutera cher. Armé et financé par les forces occultes qui ont entrepris la déstabilisation périodique du pays, un groupe d'anciens soldats débarquent dans le pays en Janvier 2004. Aristide ne put compter sur une armée pour les chasser. Les chimères un groupe paramilitaire constitue pour menacer l'opposition a son gouvernement n'étaient pas entraines pour une telle mission. Aristide lui-même non confiant des forces de police qu'il créa confia sa sécurité personnelle a une compagnie étrangère. Pour la première fois dans l'histoire nationale, un président d'Haïti plaçait sa sécurité sous la protection d'étrangers. Mais ce fut trop tard pour remédier la situation : Haïti se retrouva en moins de 10 ans sous une autre occupation étrangère. Cette fois les marines intervinrent seulement pour permettre a une force onusienne de replacer Haïti sous tutelle.

Depuis la création d'Haïti il y a plus de 200 ans, la présidence a toujours occupe le centre du pouvoir politique. Nous n'avons pas la tradition de président élu démocratiquement. Jusqu'a 1950 les élections présidentielles se tenaient au second degré en Haïti. Les parlementaires n'ont jamais été issus de partis organises. Ce qui rendait la formation de coalition très difficile et l'élection d'un président de la république très compliquée. La plupart du temps des alliances de personne a personne s'établirent seulement durant la réalisation des élections. Avant l'occupation américaine de 1915, un coup d'etat représentait le moyen le plus sur de s'emparer du pouvoir en Haïti. Les bandes armées dénommées cacos dans le nord et piquets dans le sud marchèrent sur Port-au Prince quand ils voulaient et destituèrent le président pour y installer un des leurs au pouvoir. De nos jours malgré l'organisation d'élections plus au moins crédible, la relation de pouvoir entre l'exécutif et le législatif dans notre pays est toujours conflictuelle. Les partis politiques sont très faibles. Ce sont des groupements qui s'associent seulement a l'occasion d'une élection ou au moment de coaliser pour renverser le président en place. En 1990 , Jean Bertrand Aristide fut élu président de la république sous la bannière du FNCD le 16 Décembre. Le lendemain 17 Décembre, il brisait le front en déclarant sans ambages a ses coéquipiers Turnep Delle et Yvens Paul qu'il s'en était servi seulement de leur chapeau légal. A son retour d'exil , son parti l'OPL remporta la majorité absolue a la chambre du Senat et des Députes aux élections de 1995. Ce même parti élit son ancien premier ministre René Préval a la succession d'Aristide aux élections présidentielles de la même année. Peu de temps après, Aristide se démarqua de l'OLP pour créer le parti dénomme lafanmi lavalas. Aristide littéralement empêcha a son ex-homme de confiance de diriger le pays. Sous prétexte d'empêcher l'application de la politique néolibérale dans le pays, ses partisans organisèrent des manifestations périodiques avec des dégâts matériels dans tout le pays. Le premier ministre Rony Smart dut démissionner. De plus un conflit éclata au sein du parlement parce que bon nombre d'élus abandonnèrent le camp de l'OLP. René Préval dirigea le pays presque sans premier ministre, ni majorité parlementaire pendant plus de la moitie de son mandat. Face a une telle carence dans la gouvernance du pays, que peut-on espérer dans les autres domaines de la vie nationale, spécialement dans l'économie moribonde haïtienne ?.

L'invasion de Guy Philipe et l'enlèvement d'Aristide.

Le gouvernement parallèle de Gérard Gourgues et de Gérard Pierre Charles forme au même moment qu'Aristide était entrain de prêter serment le 7 Février 2001 n'arrivait pas a déstabiliser les activités du gouvernement légal. Par conséquent, les ennemis jures du prêtre changèrent de stratégie. Un large front fut constitue et porta le nom de la convergence ou du groupe des 184. Apres une tentative d'assassinat du président au palais le 16 Décembre 2001, les lavalassiens réagirent violemment et tous les ténors de l'opposition durent se mettre a couvert. Ce ne fut pas un hasard. Dans le long récit de notre eternel malentendu, le lecteur remarquera qu'a chaque moment, il y a comme une main invisible qui provoque les dérapages en Haïti. Depuis cette tentative d'assassinat manque, la possibilité de dialogue s'amincit entre les deux camps. Il nous a été rapporte qu'un ancien haut grade de l'armée entreprit un voyage secret a Santo Domingo pour rencontrer un certain Guy Philipe. Ce dernier, un ancien commissaire de police fut révoque et accuse d'être un parrain de la drogue en Haïti.

Le gouvernement de JB Aristide leur offrit une occasion en or pour mettre a exécution leur plan. En effet après l'assassinat d'un homme de main d'Aristide aux Gonaïves (Amiot Métayer), pris de peur les autres membres du clan se révoltèrent. Un début d'insurrection commença au mois de Septembre et les autorités policières de la ville échouèrent dans leur tentative de rétablir la paix. Ce fut a ce moment que le complot ourdi quelque mois plutôt a Santo Domingo fut mis a exécution. Des anciens membres de l'armée démantelée fut recrutée a cette occasion. Le groupe s'agrandit pour constituer une force d'invasion. Equipée d'armes automatiques et de véhicules tout terrain, sous le commandement de Guy Philipe et de Louis Jodel chamblain les conjures envahirent Haïti a partir de la frontière dominicaine. Le gouvernement d'Aristide toujours populaire arriva a maintenir le contrôle de la situation. La partie Nord du pays tomba sous le contrôle des envahisseurs.

La situation était la quand dans la soirée du 29 Février 2004, on apprit qu'Aristide avait laisse le pays. Deux jours plus tard, il parvint a mettre le monde au courant de son kidnapping par un commando arme qui l'a embarque a l'aéroport en pleine nuit.

Le kidnapping : nouvelle tactique dans la bataille politique

Une nouvelle fois Haïti perdait sa souveraineté nationale. Cette fois, on nous a place sous le contrôle d'une force Onusienne. Un nouveau gouvernement de facto succéda a Aristide. Le président résidait dans le pays et le premier ministre était importe de la diaspora. Avant que ce gouvernement put rétablir l'ordre un nouveau phénomène fit son apparition en Haïti : le kidnapping. Durant les deux années du gouvernement de Latortue ce phénomène s'intensifia. Des milliers de cadres durent laisser le pays. La situation économique dégénéra. Pour essayer d'enrayer le problème du kidnapping et pour calmer les tensions sociales, les faiseurs de président en Haïti se sont rendus a Marmelade pour inviter René Préval a succéder a son mentor Aristide. Le calcul donna de bon résultats et tant bien que mal le pays a été stabilise par Préval. Nous n'avons pas la statistique du nombre de victimes de cette forme de violence politique

Dans ce chapitre nous avons fait une rétrospective qui nous permet de comprendre l'origine de certains maux dont souffre Haïti. Ce pays est condamne a rester dans cet etat d'instabilité politique tant que les élites n'assument pas leurs responsabilités. Les pays de la Caraïbe voisine jouissent d'une relative paix sociale qui leur permet d'exploiter au maximum leur capacités économiques. Aujourd'hui, la situation sociale est désespérée en Haïti. La plus grande priorité pour les futurs dirigeants sera d'établir un climat favorable pour une croissance économique durable. Cela devrait inclure aussi une modernisation du système judiciaire et commercial favorisant la libre concurrence. Prouver aux investisseurs qu'ils peuvent réaliser des profits en Haïti peut relancer la production nationale et a long terme retirer le pays de cette pauvreté.

René Préval : L'homme des dernières décennies.

Quand on annonça le élections de 2006, personne ne prévoyait une nouvelle émergence de Préval a la présidence haïtienne. Les opposants de la convergence qui avaient contribue a la chute de Jean B Aristide s'apprêtait a jouir des dividendes de leurs travaux. Comme toujours certaines figures tels Marc Bazin, Leslie Manigat, Hubert Déronceray déclarèrent leur candidature des l'annonce des joutes. A la surprise générale, l'ancien premier ministre d'Aristide et celui qui lui avait passe l'écharpe présidentielle en 2001 revint a la charge. Comme il le révélera plus tard, on est allé le chercher de sa retraite a Marmelades pour lui offrir la présidence et il l'a accepte. Personnage controversial et figure de division, René Préval va diriger avec trois différents premiers ministres, tous très proche de lui et des amis de longue date. Chaque fois, il parvint a les limoger d'une façon ou d'une autre. Durant ce deuxième mandat, la corruption a atteint le niveau d'indécence dans l'administration publique. Les catastrophes naturelles :cyclones successifs, glissements de terrain et finalement l'hécatombe du 12 Janvier ont fait de Préval le plus mal chanceux de tous les présidents haïtiens. A l'inauguration de son mandat il avait annonce le retrait des soldats de la Minustah en Haïti, mais a la fin de son règne il devint l'un des plus grands supporters de ses troupes et des patriotes sont assassines pour avoir réclame trop bruyamment le départ de cette force d'occupation.

C'est dans cette conjoncture de crise économique grave que René Préval a voulu nommer son successeur a la présidence./ Les événements se sont retournes contre lui et un novice a la politicaillerie haïtienne, un chanteur de musique Compas s'est fait élire par un raz de marée électoral.

Conclusion

Je présente des excuses a mes lecteurs pour ce long rappel des différents conflits qui ont marque le paysage politique haïtien depuis l'indépendance. J'ai juge nécessaire de regarder en arrière parce que c'est nécessaire pour bien appréhender la problématique haïtienne d'aujourd'hui. Un pays a deux nations ne peut survivre. Un pays sans élites responsables ne peut progresser. Les dernières décennies ont été marquées par une succession de dirigeants dont on peut questionner leur patriotisme. Quand le 14 Mai René Préval passera l'écharpe présidentiel a Mr Michel Martely, il sera le 56eme président légal a diriger Haïti. En 207 ans d'indépendance nous avons connu 78 gouvernements dont 22 ont été place de facto. Ce qui représente en average un gouvernement chaque 2 ans et demi. Parmi les présidents légaux deux ont été assassines au pouvoir et sept ont termine leur mandat parce que le pays se trouvait sous le contrôle de troupes étrangères. Sept de nos présidents sont morts au pouvoir. Vingt trois ont du gagner l'exil après avoir été chasses du pouvoir. Seulement quatre présidents ont pu terminer leur mandat et rester dans le pays sans occupation militaire, ce cas est si rare que nous devons les nommer : Nissage Saget,

Tirésias Sam, Stenio Vincent et René Préval. Nous avons connu trois interventions américaines (1915, 1994, 2004) et avant la proclamation des résultats des dernières élections le 4 avril 2011 des marines étaient déjà dans le pays sous prétexte de nous aider pour la saison cyclonique.. Pratiquement le concept de souveraineté nationale n'existe plus en Haïti. Nous serions très chanceux d'être une colonie américaine parcequ'entre colons et colonises s'établissent des liens qui finissent par les connecter. Comme un dirigeant américain l'avait dit avant la première occupation de 1915 : <<ce pays d'anciens esclaves représente une nuisance publique a nos portes >>

Une galerie de photos de certains acteurs
de ces eternels conflits.

Le roi Christophe

Alexandre Pétion ; 1806-1816

1804-1806
Jean Jacques Dessalines

François & Bebe
Duvalier

Jean Dominique

Elie Lescot

Marc Bazin

Daniel Fignole

D Dumarsais Estime
1946-1950

Elie Lescot

A gauche Louis Jodel Chambelain
A droite Guy Philipe

1950 -1956
Paul Magloire

Jean Bertrand Aristide

Antonio Kebreau

Gerard P Charles

Henry Namphy
1986-1987

Bankimoon Sec General ONU
Michel Montas

René Préval

Reginald Boulos

Roger Lafontant

Lysius Salomon

Stenio Vincent
1922-1930

Chapitre II

Restructurer notre model d'Education élitiste

Aucun pays de la planète ne peut avancer vers le chemin du progrès sans une population très bien éduquée. Dans la fonction de production, ressources humaines, matérielles et financières représentent les variables qu'il faut combiner en vue d'augmenter la créativité et l'innovation. Un bref coup d'œil sur l'économie mondiale permet de confirmer que l'éducation est la base de tout progrès économique. A chaque étape de notre évolution sur la planète c'est le niveau d'éducation qui fait avancer les systèmes avec des découvertes scientifiques capable de révolutionner le statu quo.

Depuis la fondation de l'Etat haïtien un grand décalage a toujours existe entre les classes formant la nouvelle société. D'un cote se trouvait l'élite mulâtre très bien éduque et de l'autre la grande masse des negres analphabètes. Depuis ce temps ,le niveau d'éducation a toujours servi comme un moyen de gravir les échelons sociaux. Au 19eme et 20eme siècle l'écart s'est approfondi parce que les parents aises envoyèrent leurs rejetons dans les grandes universités Européennes. Naturellement a leur retour, tous les postes de l'administration leur revenaient de droit. Comme disait le slogan des théoriciens du parti libéral << le pouvoir aux plus capables>>. Eventuellement les plus capables faisaient allusion aux plus éduques du pays. Nés de pères blancs et de mères négresses, les mulâtres avaient bénéficie d'une éducation solide. La stratification sociale en vogue dans la colonie les plaça en seconde classe sous le nom d'Affranchis. Conséquemment nos premiers administrateurs et dirigeants furent les mulâtres. Ces derniers ont eu un avantage de taille au départ sur l'autre groupe ethnique. La masse des esclaves analphabètes va constituer notre paysannerie ou **le pays en dehors** comme on les appelait. La reconnaissance de l'indépendance d'Haïti en 1825 nous retira de notre isolation internationale. Mais il a fallu attendre le concordat de 1860 signe avec Rome pour voir l'ancienne puissance coloniale nous assister dans le domaine de l'éducation. Les frères de l'instruction Chrétienne débarquaient dans le pays et ont forme des générations d'haïtiens.

Les écoles congréganistes diriges par les missionnaires de France assumaient une éducation en Francais, la langue officielle d'Haïti. La classe des affranchis devenus les mulâtres de la nouvelle société utilisait le Francais comme leur langue de tous les jours. Comme on aime a le répéter en Haïti, le Francais représente la langue de l'élite. D'un autre cote la grande masse des esclaves devenus les pauvres du nouvel Etat utilisaient le créole comme leur langue quotidienne. Ils devinrent peu a peu une grande masse d'illettrés incapables d'utiliser la langue officielle du pays. La langue nationale du pays a été utilisée comme une barrière sociale. Jusqu'a présent en Haïti, quelqu'un qui n'a pas termine le cycle secondaire n'a aucune chance de réussite sociale. Le code rural jusqu'a récemment constituait le guide pour le système scolaire dans les provinces haïtiennes

Durant la première occupation d'Haïti, les Américains ont bâtit de nombreux centres scolaires tant a Port au Prince que dans les villes de provinces. Ils ont crée de nombreuses fermes écoles ou en plus de la formation classique des agents ont pu être formes avec des connaissances techniques en agriculture. Les américains n'ont pas réussi a inculquer aux dirigeants haïtiens leur sens de responsabilité quand il s'agit d'éduquer la population. Depuis celle de 1805 toutes les constitutions haïtiennes ont proclame l'éducation comme une priorité nationale. Mais cependant rien n'a été fait par les gouvernements haïtiens pour assumer cette imputation..

Chaque année le système haïtien déverse sur le marche des milliers de bacheliers prêts pour l'expérience universitaire. A un certain moment dans la ville de Montréal il y avait plus de médecins Haïtiens pratiquant le métier que sur l'ensemble du territoire haïtien. Au Mexique de nombreux médecins haïtiens ont réussi a travailler professionnellement comme praticiens. A Miami, New York, Boston, etc. des milliers d'haïtiens arrivent a travailler au niveau professionnel après avoir laisse Haïti. Principalement dans l'enseignement existe une filière haïtienne au sein de l'agence responsable de l'éducation dans la ville de New York. Pendant ce temps le niveau d'analphabétisme continue a accroitre dans le pays. Jusqu'a présent certaines sections rurales sont dépourvues d'écoles primaires et secondaires. La distance a parcourir est si longue pour les enfants qu'il dévient un exercice exténuant d'aller a l'école. Les élèves qui arrivent a accomplir le miracle de terminer le cycle primaire dans ces conditions doivent déloger vers une autre ville afin d'accéder au niveau secondaire. Le système éducatif haïtien est aussi victime de la centralisation excessive administrative du pays. Tout dépend du ministère de l'Education nationale a Port au Prince. De la nomination d'un gardien de cour au directeur Départemental, les ordres proviennent de Port au prince.

Dans tous les programmes de gouvernement   haïtien, le droit a l'éducation est toujours place parmi l'une des responsabilités de l'Etat. Cependant le grand paradoxe est que l'éducation en Haïti aujourd'hui est privée a 90%. Le système éducatif haïtien est affecte par l'etat de pauvreté générale du pays. En dépit des efforts des 20 dernières années, le taux d'analphabétisme   reste au dessus de 50% de la population scolarisable. Le manque de pédagogues qualifies se fait sentir a tous les niveaux du système éducatif. La population haïtienne parle deux langues : le Français et le Créole. A la sortie du cycle secondaire, de nombreux élèves n'arrivent pas a maitriser le français. Je suis d'accord avec ceux qui pensent qu'il faut utiliser le créole pour enseigner le Français en Haïti. De plus je pense que le Français doit être traite comme un moyen de communication et non comme un moyen de promotion sociale.

L'augmentation de la population haïtienne a accélère les problèmes d'éducation dans le pays. La migration de la population rurale vers les villes aussi continue a un rythme accélère. Ce qui élargit le déséquilibre entre l'offre et la demande de centres éducatifs. L'apparition du phénomène des écoles<< borlette>> a continue a travers les années. Aujourd'hui, les écoles poussent comme des champignons a travers les principales villes de provinces. Les licences sont délivrées avec une facilite déconcertante par le ministre de l'Education nationale. On se demande si les cadres de ce ministère détiennent les qualifications nécessaires pour accomplir leurs taches.

Les faits sont palpables. Dans une perspective de développement , le système éducatif haïtien n'est pas prêt a produire les cadres nécessaires. N'oublions pas que la croissance économique est positivement liée avec le niveau d'éducation. Une visite de certaines écoles de Port au Prince permet d'établir la différence : certaines d'entre elles disposent de centres informatiques tandis que dans d'autres les élèves n'ont pas encore eu la chance de toucher a un computer. Du temps de l'occupation américaine, les inégalités quand a la possibilité de fréquenter l'école avait été réduite. Ils ont laisse a leur départ une classe moyenne de médecins, infirmières, ingénieurs et d'autres techniciens dans de nombreux autres domaines. Nous suggérons aux futurs dirigeants du pays de penser a l'éducation de base d'abord. Une vraie reforme éducative devrait commencer au niveau primaire. Dans les neufs départements géographiques du pays de nouvelles écoles devraient être construites et l'éducation jusqu'à la fin du cycle primaire devait être gratuite. L'amélioration du programme scolaire au niveau du secondaire devrait être envisage. Le système haïtien est trop théorique et contient beaucoup trop de classes inutiles. Pourquoi demander a un élève se présentant au baccalauréat d'être teste simultanément en littérature haïtienne et en littérature française ? Nous devons introduire le système des classes électives dans le système haïtien afin de permettre a nos élèves d'avoir plus de choix.

Au niveau primaire, dans les écoles publiques au moins un repas par jour devrait être distribue aux pupilles. Au niveau secondaire les horaires des écoles devraient être standards. Par example, certaines écoles fonctionnent deux fois par jour, tandis que d'autres travaillent de 8am a 1Pm. Un système de zones doit être considéré, c'est-à-dire le Département de l'Education Nationale doit recruter les élèves en fonction de leur lieu de résidence. Par exemple, deux élèves, l'un habitant Delmas et l'autre Carrefour ne devraient se retrouver dans le même lycée. Ceci est très important en ce qui a trait au problème de transports que confronte le pays.

Aujourd'hui de nombreux professionnels haïtiens pullulent a l'étranger, ce qui constitue une preuve de l'incapacité du pays a maintenir nos diplômés. Nous n'avons rien contre l'Université. Mais la reforme éducative en Haïti doit commencer a la base. Le cout de former des universitaires est trop élève. Il est triste de les voir partir satisfaire les exigences de développement d'autre pays. Nous devons axer l'éducation sur les priorités de notre petite économie. Dans les années 80s de nombreux usines de sous traitance voulant s'installer dans le pays avaient la difficulté de trouver les techniciens qualifies et elles durent aller a Panama, Mexico ou la république Dominicaine. Au cours de la même période nos universités déversaient sur le marche local des ecrivains,des avocats, des diplomates , des gestionnaires. Le secteur prive haïtien doit investir dans la formation de cadres parce que la modernisation du système éducatif haïtien leur sera bénéfique a moyen terme. Malheureusement dans les petits pays comme Haïti, ce secteur ne remplit pas souvent son rôle. L'Etat est oblige de prendre en charge presque toutes les fonctions sociales . Les dernières reformes économiques apportées par le néolibéralisme ont prouve le contraire parce que le secteur public ne compte pas sur l'efficacité mais plutôt le népotisme. Le pouvoir en place tend a nommer les fonctionnaires qui leur sont fideles .Dans le chapitre consacre a une reforme des allocations budgétaires, j'ai mentionne l'inutilité de certains centres de formation que je considère comme du gaspillage. Consacrer une allocation budgétaire a l'Ecole Nationale D'administration Financière (ENAF) est un exemple de ces dépenses inutiles. Les jeunes gradues de l'INAGHEI et des autres centres universitaires consacres a la formation en Business peuvent remplir ces fonctions. Nous avions aussi remarque dans le budget une allocation pour l'Ecole Nationale Hôtelière. Est-ce l'Etat haïtien qui possède les hôtels dans le pays ?Le ministre des Finances devra se pencher sérieusement sur ces sorties de fonds, si nous désirons sérieusement un progrès économique en Haïti. Parler d'éducation accessible a tous, c'est dire que l'Etat est à même de supporter tous les coûts de production du service éducatif et ceci à tous les niveaux, en vue de répondre aux besoins d'éducation de non seulement tous les enfants d'âge scolaire, mais aussi de tous les jeunes et adultes désireux d'avoir accès à la formation ! Or, suivant le dernier rapport statistique de l'IHSI de 2008, le service éducatif Haïtien assuré par le secteur publique est estimé à seulement 10% Alors, avec 90% du système éducatif haïtien dominé par le secteur non public qui est lui-même éclaté en plusieurs sous-réseaux dont la majorité (75%) échappe au contrôle de l'Etat (MENFP), la question est de savoir par quel moyen l'Etat haïtien compte-t-il arriver d'ici à 2015 à offrir l'accès à l'éducation à tous ses citoyens et ceci gratuitement ? La pression démographique favorise l'éclosion de nouvelles écoles un peu partout a travers le pays. Si l'on conduit sa voiture sur l'autoroute de Carrefour , a chaque bloc il existe au moins deux écoles. Il n'y a d'espace pour les étudiants dans les salles de classe très exigües. On a dénombre la présence d'au moins 15.000 haïtiens en République Dominicaine a tous les niveaux d'études. En réponse a cet afflux, le président Dominicain Leonel Fernandez a décide de faire dons aux haïtiens d'une université dans le nord du pays.

Les besoins d'éducation en Haïti doivent être adresses dans un contexte global de la pauvreté affectant le pays.

Nous sommes d'accord pour placer l'éducation parmi les priorités du pays, cependant d'autres problèmes tels que l'explosion démographique,, la stagnation économique, l'échec de l'agriculture, la gouvernance du pays doivent être aussi considères comme prioritaires. Reformer le système éducatif haïtien va plus loin, il faut envisager le renouveau du contrat social. L'amélioration du système judicaire, le déforestation, les grossesses non désirées peuvent bénéficier d'un relèvement du niveau d'éducation dans le pays.

Chapitre III

Une agriculture pour la pauvreté.

L'histoire de l'humanité est aussi celle de l'agriculture. En effet, l'homme des cavernes souffrait de malnutrition parce que en ces temps la n'existait aucune technologie pour maitriser la nature. Le besoin de nourriture poussa les premiers habitants de la terre a adopter un mode de vie sédentaire. Puis peu a peu l'homme commença a dominer la nature et parvint a survivre avec la chasse et la cueillette. Avant que la révolution industrielle prit court en Angleterre, la planète entière dépendait de l'agriculture. Aujourd'hui encore elle représente le secteur économique le plus important dans les pays sous développés.

Le 6 Décembre 1492 lorsque Christophe Colomb débarqua sur cette ile habitée par des indiens, sa première décision fut de la baptiser: Hispaniola. Le génial navigateur fut étonne de la ressemblance de cette nouvelle conquête avec l'Espagne. On rapporte qu'il fut séduit par la couverture végétale de cette ile. Cependant, c'est l'exploitation de la grande quantité de mines d'or qui va intéresser les espagnols au début. Colomb et ses hommes vont imposer les Indiens a un rythme de travail auquel ils succomberont en masse. Des 1503, les espagnols décidèrent d'aller sur les cotes africaines a la recherche de prisonniers de guerre que les vainqueurs les vendaient. Echanges pour du tafia ou du rhum ces negres allaient être transportes en Amérique par les espagnols pour travailler dans les champs comme des animaux. Ce fut le début de ce honteux commerce dénomme la traite negrière. Les historiens rapportent que plus de la majorité des esclaves importes vers Haïti provenait du Benin , de la guinée et du Sénégal (l'ile de Gorée). La rivalité qui opposait les principales puissances Européennes conduira Francais et Anglais en Haïti. Avec le traite de Ryswick en 1687 les espagnols cédèrent un tiers de l'ile situe dans la partie Occidentale aux Francais. Ces derniers firent venir des cadres de Paris pour développer la production agricole de l'ile. Aux environ de 1742 la production sucrière de Saint Domingue dépassait celle de toutes les colonies anglaises réunies. En 1789 les échanges commerciales entre la France et Saint Domingue totalisaient 11.000.000 de dollars, tandis que celles de L'Angleterre avec ses colonies seulement $ 5.000.000 de dollars. Les Francais construisirent un très grand système de routes et d'irrigation systèmes. Les principaux produits d'exportation de Saint Domingue vers la France étaient sucre, café ,coton, indigos et le bois de campêche.

Les événements politiques de la métropole eurent leur écho aussi dans la colonie. A partir de la cérémonie du bois caïman en Aout 1791, une révolte générale des esclaves contre le système aboutira jusqu'a l'indépendance de la colonie proclamée le premier Janvier 1804.

Durant la bataille de l'Indépendance, l'infrastructure agricole mise en place par les Francais fut presque détruite et la grande prospérité Saint Dominguoise déclina. Une fois les Francais partis, ce qui restait des grandes plantations allait tomber en ruines. Le système de la grande propriété, base de la prospérité agricole du temps de la colonie allait être remplace par un système de morcellements. Chacun voulait posséder son petit lopin de terre. A partir de ce moment, l'Agriculture sera pratiquée seulement pour survivre. Les paysans travailleront pour satisfaire les besoins de leur famille avant tout et le surplus sera vendu au marche. Une sorte d'agriculture de survie va s'implanter a travers le pays. Les anciens esclaves ne furent guère intéresses a travailler même pour de l'argent dans les grandes plantations. Les paysans spécialement dans les montagnes essayèrent de planter sur une même parcelle de terre une grande variété de produits. Toute l'année les besoins familiaux seront satisfaits. La quantité de produits restants sera vendu au marche.

La question agraire fut la première cause de conflits politiques dans le nouvel Etat. L'assassinat de Dessalines le 17 Octobre 1806 sera l'aboutissement d'un conflit opposant les grands généraux de l'armée et la grande masse des esclaves. Le système de caste en place a Saint Domingue divisa la population en trois groupes : les blancs, les affranchis (composes de mulâtres et noirs libres) et les esclaves. Au départ des blancs les généraux de l'armée composée en grande partie de mulâtres s'accaparèrent des biens laisses par ces derniers spécialement les grandes plantations. Les complaintes des anciens esclaves devenus la classe des pauvres dans le nouvel Etat parvinrent aux oreilles de l'Empereur qui décida d'y remédier. Il décida d'employer les grands moyens et le résultat fut son assassinat le 17 Octobre 1806. Ce crime ne va point résoudre le conflit terrien en Haïti. La tendance du morcellement va s'accélérer et devient un moyen de récompenser sa clientèle politique. Une distribution de terres aux partisans les plus zèles représenta le moyen normal employé par un président pour se maintenir au pouvoir. La politique d'Alexandre Pétion consistant a distribuer les terres de l'Etat a ses partisans est a l'origine du morcellement excessif de notre patrimoine. Malgré tout, cette politique ne parvint pas a satisfaire tout le monde. En 1843, Jean Jacques Acau prit le leadership d'un groupe de paysans sans terre et réclamait une redistribution des parcelles possédées par l'Etat. Dans le Nord la monarchie Christophienne garda le système de la grande propriété. De nombreux escarmouches se produisirent entre les troupes royales et les groupes de paysans refusant de travailler sur les grandes propriétés. Un de nos célèbres guerriers de l'indépendance François Capois dit Capois la Mort fut fusille par Christophe a cause de ces conflits terriens rapportent les historiens. A la mort de Christophe, une fois le pays réuni en un seul Etat, le président Jean Pierre Boyer allait continuer avec la politique de Pétion.

L'occupation Américaine 1915 1934.

Bien avant l'occupation Américaine de 1915, les paysans haïtiens livres a eux mêmes commencèrent a fuir le pays vers d'autres cieux plus cléments principalement a Cuba et dans les villes frontalières avec la république Dominicaine. Tandis que la classe politique (noir et mulâtre) se battait pour le pouvoir a Port-au Prince, la productivite agricole continua a décliner . A cause de l 'érosion dans les mornes, les terres devinrent improductives et les pauvres paysans n'ayant d'autres alternatives s'enfuirent vers Cuba et la République Dominicaine. Cependant, la présence de l'occupant américain ne va pas améliorer la situation des paysans. A cause du manque de fonds pour la reconstruction des routes et de ponts dans le pays, les américains allaient revenir avec une pratique datée de l'époque coloniale. Les paysans furent obliges de travailler dans la construction des routes au lieu de payer les taxes. Ce système appelle « corvée >> fut utilise en France a l'époque du système féodale. Grace a la corvée les Américains forcèrent les paysans a construire une route de 170 miles reliant Port au Prince a Cap Haïtien. Mais très vite les grognes des paysans se firent entendre. La corvée paraissait offensive aux paysans haïtiens parce qu'elle rappelait le système d'esclavage aux mains de blancs. De plus en plus la résistance a la corvée s'intensifia. Et ce furent les massacres. Beaucoup de paysans gagnèrent le maquis spécialement pour rejoindre la guérilla des cacos dirigée par Charlemagne Peralte. En dépit de l'abolition officielle de la corvée par le haut commandement , certains militaires américains maintinrent la pratique dans les régions du grand Nord.

Le bilan des dix neuf ans de l'occupation américaine en Haïti a soulève beaucoup de controverse. Malgré l'avance technologique des américains dans le domaine agricole, Haïti ne put bénéficier d'aucun transfert dans ce domaine. On rapporte que dans certaines régions du pays les paysans ont catégoriquement refuse l'aide des américains.

LE COUP DE JAMES P MC DONALD.

La célébrité de la colonie de Saint Domingue fut construite autour de sa prospérité agricole. La décision par un groupe d'investisseurs américains de construire un réseau de voies ferrées reliant les principales villes du pays paraissaient en ces temps la solution miracle pour le décollage économique d'Haïti. Les américains construiront un réseau de 40 miles (PCS) Plaine du Cul de Sac en 1904. La percée Germanique dans les finances haïtiennes permettaient aux allemands de prendre contrôle de la PCS. Une deuxième concession fut accordée par le gouvernement haïtien, mais cette fois un investisseur américain du nom de James Mc Donald en prit le control. Cette concession accordée a Mc Donald coutera au peuple haïtien des sommes exorbitantes qui auraient pu être utilisées dans l'extinction de la dette envers la France.

La date officielle de la concession fut Avril 1910, et elle engageait l'Etat Haïtien a garantir les bonds émis a raison de $33.000 pour chaque mille construite sur une route en voie ferrée. De plus, le contrat accordait a McDonald 19 kilomètres de terrain sur les deux bords de la voie ferrée pour planter la figue banane dont il avait reçu le monopole d'exportation. Cette voie ferrée devrait relier Port-au-Prince au Cap Haïtien en passant par Saint Marc, Gonaïves et Ennery. Jamais l'homme d'affaire américain ne respectera le contract. Habilement, il transféra ses droits de concession a la City Bank. En 1914 a la fin des travaux moins de la moitie du réseau ferre fut construit et la City Bank maintint ses réclamations contre le gouvernement haïtien qui deviendront l'un des griefs utilises par cette puissante Banque pour encourager le département d'Etat a débarquer en Haïti un an plus tard. Eventuellement les 90 milles inachevés du réseau seront touches par la City Bank a raison de $33.000/milles. Le paiement de cette escroquerie s'étendra au delà de l'occupation et prendra fin au début du gouvernement d'Elie Lescot. Quand on parle d'Haïti comme le pays le plus pauvre de la planete,il faut insérer le cas McDonald parmi les diverses causes de cet etat de fait. Ce ne sont pas seulement les actions néfastes de dirigeants incompétents qui ont empêché la première république négre de progresser, il faut en tenir compte aussi des méchancetés des blancs racistes. Au début du 20ᵉ,siecle Haïti restait encore un pays dans la banqueroute financière. Nous avions une dette faramineuse a payer et notre agriculture parvenait a dégager un surplus pour l'exportation. La construction de cette voie ferrée aurait provoque un boom économique dans le Nord du pays. L'augmentation de nos exportations aurait provoque un effet multiplicateur sur toute l'économie haïtienne. Au lieu de cela, nous avions a payer une dette pour des routes non construites.

Nous avons déjà parcouru 10 ans dans le 21eme siècle. Au lieu de s'améliorer, la situation de la pauvreté en Haïti s'est aggravée. Au mois d'Avril 2008 il y eut ce que la presse a qualifie d'émeutes de la faim. Tenailles par la faim a cause de l'augmentation des prix des produits de première nécessite, des milliers de gens ont gagne les rues a travers le pays. Encore une fois il y a eut des pertes en vie humaines et les dégâts matériels ont été très importants. Malgré tout on n'a pas l'impression que les dirigeants haïtiens sont décides a aller au cœur du problème : *la baisse continuelle de la productivite agricole en Haïti.* Pour faciliter la compréhension de nos lecteurs et de les permettre d'appréhender la gravite du problème, je vais exposer les différents facteurs qui empêchent l'augmentation de la productivite agricole en Haïti.

A) **La réduction de l'espace agricole.**

Haïti est un petit pays de 27.750 kilomètres carres. Selon les données publiées dans le livre de la CIA en 2003 Haïti compterait 438.000 carreaux de terre cultivables. Plus de la moitie de cette superficie est constitue de pentes arides communément appelées mornes. La coupe déréglée des arbres dans les mornes a engendre une érosion presque totale de ces terres. Aujourd'hui la couverture forestière d'Haïti est seulement de 2% du territoire national. Dans les plaines , en raison de l'explosion démographique les espaces cultivables s'amenuisent de jour en jour. La plaine du cul-de-sac autrefois un des greniers de la capitale représente l'example parfait de cette réduction de l'espace de production. A Leogane, aux Cayes , a Aquin etc. certains observateurs constatent le même phénomène. De grands espaces de terres fertiles pour l'agriculture deviennent des sites de construction pour habitation. En d'autres termes l'urbanisation a outrance dans les plaines constitue une menace a long terme pour l'agriculture. Je pense que les maires des principales villes du pays devront prendre des mesures a ce sujet.

B) **Les titres de propriété inexistants.**

Depuis l'assassinat de l'empereur Dessalines a cause des vérifications des titres de propriétés qu'il entreprit, aucun gouvernement ne résolût le problème. Les habitations sont transférées de père en fils sans aucun titres légaux. Cette anarchie dure depuis plus de 200 ans. L'ancien président Jean Bertrand Aristide créa l'Institut National pour la Reforme Agraire avec pour mission de résoudre les problèmes de titres de propriété en Haïti. Jusqu'a nos jours les résultats officiels de cette démarche ne sont pas connus. D'ailleurs Aristide lui meme,une victime de la machine politique haïtienne n'aurait pas eu le temps de résoudre quoique ce soit vu la brièveté et la précarité de ses successives occupations du palais national.

C) **Location et métayage de terres.**

En Haïti chaque gouvernement crée ses propres « nouveaux riches >> . Dépendant de ses accointances avec le nouveau pouvoir en place, un gros paysan peut louer une terre de l'Etat et placer d'autres petits paysans sur cette terre pour la cultiver. Le métayage ou deux moitie est une autre forme de système de production agricole consacre dans le milieu rural haïtien. Le propriétaire dans ce cas a obtenu une promotion sociale et retourne a la campagne seulement pour récolter la moitie de la production agricole confiée a d'autres paysans plus pauvres. Il a été estime que 90 pourcent de toutes les plantations agricoles en Haïti ne dépassent pas 3 hectares de terres. La grande propriété a toujours vécu dans le subconscient des agriculteurs haïtiens comme un système esclavagiste.

D) **Retard technologique .**

Plus de quatre siècles après la révolution industrielle, il est inconcevable que les agriculteurs haïtiens continuent a dépendre de la houe et de la machette pour la préparation des terres a cultiver. Ces méthodes complètement dépassees réduisent la productivite et détruisent le sol. L'arrosage indispensable pour la culture de certaines variétés est très chère. Le petit paysan doit compter sur la saison pluvieuse. La modernisation de l'agriculture haïtienne constitue un défi majeur a relever par nos futurs dirigeants. Selon André Gunderfrank, l'agriculture représente la seule porte de sortie pour certains des pays les plus pauvres.

E) **Absence de politique agricole.**

J'ai mène des recherches profondes sur la politique agricole adoptée dans le pays durant les cinquante dernières années, je suis arrive a la conclusion qu'aucun gouvernement n' accorda vraiment la priorité a l'agriculture. Le gouvernement de Jean Claude Duvalier adopta 3 plans quinquennaux de développent agricole de 1971 a 1986, mais ils n'ont pas atteint les résultats escomptes. Les dix dernières années correspondant a l'intervention américaine en Haïti pour rétablir l'ordre constitutionnel ont été les plus néfastes. Officiellement Jean Bertrand Aristide n'a pas mentionne les concessions faites au président américain Bill Clinton pour le réinstaller au pouvoir. Cependant nos recherches nous ont conduit a des découvertes épouvantables. Les taxes sur certains produits de consommations ont été abaissées presqu'a zéro. Immédiatement une classe de nouveaux importateurs s'est constituée dans le pays. La quantité de riz importée en provenance de la Floride est passée de 90 a 200 tonnes par an en moins de dix ans. Les producteurs de riz de la vallée de l'Artibonite ont été abandonnes par l'Etat haïtien face a la concurrence du riz subventionne de Miami. Pourtant, le gouvernement lavalas avait la réputation d'une idéologie nationaliste.

Trois plans agricoles successifs

1971-1976

La central hydro électrique de Peligre nouvellement crée permit d'augmenter la capacité énergétique du pays. L'irrigation des plaines sous contrôle de l'organisme de développent de la vallée de l'Artibonite (ODVA) et des plantations rizicoles du bas Artibonite allait être assuree sans problème. Les dessinateurs du plan pensaient trouver la solution miracle pour augmenter la productivite agricole du pays déclinante depuis 1804. Ils visèrent a augmenter la production des produits alimentaires de base tels que le riz ,les haricots, le petit mil. Ils prirent des mesures pour combattre l'érosion et améliorer la préparation du sol. L'aide internationale avait substantiellement augmentée, mais la croissance espérée ne put être atteinte. Une moyenne de 2% d'augmentation de la productivite agricole a put être obtenue durant les cinq années du plan.

1976-1981

Le nouveau plan fut crée sur les traces de l'ancien. Cette fois ci les techniciens avaient pu observer les raisons de leur échec et avaient apporte les correctifs nécessaires. Dans leur nouvelle approche, ils entendaient aller plus profond dans les sections rurales. Des programmes tels que le développement régional intègre de Petit Goave et Petit trou de Nippes (DRIPP) furent crées. Ils envisagèrent la création des pôles de croissance qui a travers l'effet multiplicateur pourrait générer une augmentation durable de la productivite agricole. Ils misèrent sur un taux annuel de 5%. Cependant a la fin de la cinquième année de l'exécution du plan, un nouvel échec fut enregistre. Le taux d' accroissement au cours des cinq années ne dépassa jamais 2.5%.

1981-1986

Dans toute l'histoire nationale, jamais un gouvernement ne bénéficia tant de supports de la communauté internationale comme celui de Bébé Duvalier. En dépit de l'échec des deux premiers plans, la communauté internationale et les techniciens du conseil national de développement (CONADEP) se remirent a la tache. Un troisième plan de développement de l'agriculture fut mis en place. Mais la fermeture et le départ des Canadiens du DRIPP annoncèrent l'échec du plan. Les émeutes de la faim a Rabotau e 1984 fut un autre avertissement de l'échec de la politique agricole mise en place. Ce denier outil de développement n'eut pas le temps d'être exécute a cause de l'atmosphère politique régnant a l'époque.

Comment peut-on expliquer l'échec successif de trois plans de développent ? Les experts internationaux collaborant a ces programmes ont reproche au gouvernement de l'époque leur manque d'enthousiasme a financer les fonds de contrepartie. Les problèmes du régime foncier haïtien constituaient une autre cause de l'échec. La plupart des grands domaines en Haïti n'ont pas de papiers légaux et l'administration générale des Contributions n'a jamais envisage l'établissement d'un plan cadastral pour le pays. La corruption et le Népotisme ont joue un important rôle dans la non réussite de ces plans. Les grands dons proches du régime empruntaient quand ils voulaient a la Banque de Développent (BNDAI) et certaines fois les banquiers ne pouvaient pas collecter les mauvaises dettes. Malgré tout, nos recherches nous permettent de conclure que ce fut la meilleure période pour l'économie haïtienne. Certes, le taux de d'accroissement espère ne fut jamais atteint, mais au moins il y avait une politique mise en place.

Dans un article du quotidien « le Nouvelliste >> en date du premier Juillet 2009, on peut lire ce qui suit regardant la politique agricole du pays.

<<La Banque mondiale vient d'approuver un don d'un montant de 5 millions de dollars américains à Haïti pour renforcer la gestion agricole et appuyer son développement durable. Le don s'inscrit dans le cadre du Programme d'intervention en réponse à la crise alimentaire mondiale

(GFRP), mis en place par la banque l'année dernière, selon un communiqué paru sur le site de la dite institution.

« Ce projet a pour objectif de soutenir la réforme du secteur public dans l'agriculture haïtienne », a déclaré Yvonne Tsikata, directrice de la Banque mondiale pour les Caraïbes. « Il constitue un premier pas déterminant dans la reprise des opérations avec Haïti dans ce domaine, car l'agriculture est la clé de voûte de l'économie rurale et une source potentielle majeure de croissance pour les pauvres », a-t-elle ajouté.

L'agriculture conserve un rôle dominant dans l'économie haïtienne. Elle produit plus de 25 % du PIB national et représente environ 50 % de l'emploi total (dont 60 % en milieu rural, qui assurent la subsistance de 75 % des pauvres).

Au cours de l'année écoulée, les cyclones, les tempêtes tropicales et les fluctuations des prix des matières premières ont fragilisé le secteur agricole et ses institutions publiques.

Le nouveau projet de la Banque mondiale vise à aider le Ministère de l'agriculture, des ressources naturelles et du développement rural à hiérarchiser et à cibler les investissements en fonction de la politique agricole, et d'améliorer les services locaux d'assistance agricole.

Le montant total des dons accordés par la Banque mondiale à Haïti depuis janvier 2005 s'élève à 273 millions de dollars. Elle a par ailleurs approuvé, le 3 juin, un montant de 121 millions de dollars pour sa nouvelle stratégie d'assistance au pays (2009-2012). Quelque 20 millions de dollars ont en outre été accordés au titre des ressources fiduciaires.>>

Que font les cadres de Damiens et du ministère du Plan? Qui sont les responsables de la politique agricole dans le pays ?

Pourquoi n'applique t-on pas les prescrits de l'article 248 de la constitution de 1987 consacrant la création de l'Institut National de la reforme agraire. Sans des changements profonds dans notre structure agraire, l'augmentation de la productivite agricole est vouée a l'échec. L'exemple de la Chine et de l'Inde renforce les arguments en faveur de l'agriculture. Ces deux nations ont eut un démarrage économique seulement après des reformes en profondeur dans l'agriculture.

Plaidoyer pour la réouverture de la BNDAI.

Sur les dictées de la Banque mondiale, l'ancien ministre des finances du Conseil National de Gouvernement, Leslie Délatour adopta un train de mesures dit-il pour relancer l'économie Haïtienne. Parmi ces décisions on retrace la fermeture de la BNDAI, la baisse des droits de douane sur un ensemble de produits et la levée des interdictions d'importations sur d'autres produits de première nécessites. Pour le moment, je veux m'arrêter a la fermeture de la BNDAI. Haïti est un pays ou le crédit en général est difficile. Obtenir un crédit dans les banques privées pour un petit paysan haïtien relève de la fiction. A cet égard la BNDAI a représente le seul recours pour un petit paysan nécessitant du cash pour acheter les intrants agricoles. Autrement, c'est au taux usuraire des grands dons et absentéistes que le prêt peut être obtenu. Pourquoi ce ministre at.-il voulu couper la principale source de crédit du monde paysan ? Je me souviens encore de ce débat houleux a la faculté des sciences entre lui et l'agronome Jean Jacques Honorat. Ce dernier voulait insinuer a Leslie Délatour les méfaits de ses décisions sur la production nationale. Autant que je me souvienne, les réponses de Délatour furent complètement évasives et en

Condamne a la pauvreté

tant que ministre, il ne put donner des détails chiffres pour soutenir ses décisions. Devant la levée de boucliers des jeunes universitaires présents dans la salle dont je faisais partie a l'époque, il décida de fermer les débats prétextant avoir beaucoup d'autres choses a régler. Le rideau tomba sur la salle et aussi sur les petits paysans dans les vallées et les montagnes de la singulière république d'Haïti. Nous avons juge bon de faire ce rappel, parce que nous croyons encore dans le micro crédit pour aider l'agriculture haïtienne. Le succès de Muhamad Yunus avec Grameen Bank au Bangaladesh constitue la preuve de la réussite de cet approche. Certes, en Haïti le niveau d'analphabétisme constitue encore un handicap a l'établissement d'un fichier de crédit pour les paysans. Ils ne peuvent pas remplir les formulaires que nécessitent un minimum d'effort intellectuel.

Nécessite d'un plan national pour relancer la production agricole.

Il suffit d'aller quelques années en arrière de 1980 à 1986 pour faire le ménage dans le désordre des politiques de malheur qui ont détruit le cheptel porcin (la caisse d'épargne du paysan) et appliqué la politique d'extraversion de promotion des exportations au détriment de l'agriculture vivrière.

Au cours de ces années, les transformations dictées par la Banque mondiale, le FMI et l'USAID ont introduit une stratégie de développement basée sur les exportations qui a eu nombre d'effets négatifs et catastrophiques que nous vivons actuellement. Pour trouver de l'argent afin de s'enrichir dans les pratiques de sinécure, les tontons macoutes de Duvalier ont surtaxé l'agriculture d'exportation de 1957 à 1984 (année de l'élimination de la taxe d'exportation de 26% sur le café). La politique fiscale duvaliériste incluant alors les taxes à l'exportation sur les denrées, les droits d'accise et les ponctions de la fameuse Régie du Tabac et des Allumettes (RTA) ont représenté entre 1968 et 1973 une moyenne annuelle de 24% des revenus de l'Etat provenant de l'agriculture alors que les dépenses de l'État ne représentent qu'une moyenne de 7.5% pour la même période dans le secteur agricole. Cette tendance a même augmenté car en 1984, l'Haïti rurale fournissait 55% des revenus publics mais ne recevait que 13% des dépenses publiques. La dynamique de l'appauvrissement de la paysannerie induite dans cette politique de taxation maléfique, consistant à prendre quatre fois plus que ce qui est mis dans l'agriculture, a conduit les paysans à diminuer les productions de café, sucre, cacao, etc. et à s'orienter vers les produits vivriers qui leur donnent de meilleurs revenus, surtout après l'élimination des taxes de marché le 11 septembre 1974. Le paysan est sensible aux variations de prix et préfère les produits vivriers qui sont vendus sur les marchés locaux, échappant dans une certaine mesure aux retenues et prélèvements de l'Etat malhonnête.

Les calamités d'Haïti ont augmenté considérablement par ce que certains intellectuels ont appelé « le plan américain » consistant à diminuer l'investissement dans l'agriculture. L'économie haïtienne qui était basée sur la production agricole pour la consommation locale sera réorientée vers une économie basée sur les exportations de denrées et des produits de l'industrie d'assemblage. Cela se voit en clair au niveau des exportations. Le café qui représentait 35% des exportations en 1968 a baissé à 19% en 1984 tandis que les produits d'assemblage qui représentaient 6.4% des exportations en 1970 ont augmenté à 35% en 1984. C'est une transformation que nous acquittons cher aujourd'hui. De plus, l'aide alimentaire du PL-480 est venue consolider cette mutation en lui permettant de gagner du terrain, malgré les critiques formulées par David Kinley dès Avril 1986. L'un des effets négatifs de ce «plan américain» est la migration rurale-urbaine avec la croissance des bidonvilles à la capitale. Port-au-Prince qui avait une population de 507.000 habitants en 1971 se retrouve avec 2 millions de personnes en 1990. Il convient de rappeler ces précédents qu'on veut cacher, car ils peuvent aider à éclairer le présent en donnant des indices pour affronter les défis d'aujourd'hui.

Apres les émeutes de la faim d'Avril 2008, on a apprit que le gouvernement Préval allait reouvrir la BNDAI. Je me suis dit au moins on peut recommencer a parler d'augmentation de productivite agricole dans le pays. Plus réjouissante encore fut la nouvelle annoncée dans les medias que le ministre de l'agriculture Jones Gue allait relancer la politique des fermes agricoles dans le sud du pays.Je pense que cet effort doit être continue même après le départ du ministre. Pour supporter la petite exploitation agricole, je recommanderais le renforcement systématique des cultures vivrieres,des cultures maraichères, des fruitiers et de l'élevage. L'etat devrait entrer en possession des terres de son domaine pour y installer des exploitations de taille importante afin d'augmenter la production en général. Dans le but d'arriver a un nouveau modèle d'occupation de l'espace agricole, dans les terres de pente l'agriculture ne devrait plus porter des cultures sarclées en permanence, mais plutôt des fruitiers et des pâturages. Dans les vallées, l'agriculture pourrait avoir une fonction alimentaire et on y affecterait seulement les cultures vivrières visant uniquement le marche local. Dans le moyen et le long terme on penserait a l'exportation. De plus, je pense que le salaire minimum devrait être applicable sur tout le territoire du pays.

En 2009, l'ambassadeur des Etats-Unis en Haïti, Madame Janet A. Sanderson a lance officiellement les activités du nouveau projet de croissance économique de l'agence Américaine pour le développent International (USAID) :"Marche". Visant les domaines ou la population haïtienne excelle en général tels que l'agriculture, l'artisanat et le tourisme, le projet ' Marche ' investira un montant de 15 millions de dollars durant les trois prochaines années. A travers des programmes de formation pratique et d'accompagnement, ce nouveau projet de l'USAID compte renforcer les capacités des associations de planteurs, des artisans, des petits producteurs et des commerçants. L'USAID encouragera les petits et moyens producteurs a améliorer la qualité et la quantité de leur produit et aussi leur faciliter la vente sur les marches haïtiens et étranger....Au cours de son allocution, l 'ambassadeur Janet A. Sanderson a déclare ' A travers un processus d'accompagnement, les agents de Marche travailleront avec des associations de cultivateurs pour aider des fermiers a augmenter leur production de riz, de patates douces, d'ignames de chine, de bananes, de cacao et de café. Les agents de ' Marche ' formeront les producteurs de mangues pour améliorer la qualité et la quantité de leurs produits. Ce projet aidera des cultivateurs a accroitre leur production et les vendre a des prix plus abordables en Haïti tout en augmentant leurs revenus. L'ambassadeur Anderson a également souligne l'importance des alliances entre le secteur prive et le secteur public dans le renforcement des micros, petites et moyennes entreprises qui pourront ainsi contribuer a renforcer l'économie nationale .

J'ai lu dans les colonnes du journal le Nouvelliste qu'un ancien ministre de l'agriculture a été décore pour ce qu'il a fait pour l'agriculture haïtienne. Malheureusement, je n'ai pas eu la chance de lire ou d'entendre un expose des réalisations de ce ministre. Spécialement après les émeutes de la faim qui ont constitue la preuve de l'échec de la politique agricole menée par Damiens. J'ai eu la chance de lire deux importants documents publies par le ministère de la planification et de la coopération externe. L'un s'appelle <<la carte de la pauvreté d'Haïti>> et l'autre << le document stratégique...>>. Ces documents ont été très bien élabores. Avec les données de base sur les neuf départements géographique d'Haïti , ces documents devraient faciliter la tache aux preneurs de décision économiques du pays. De préférence, j'ai lu que le ministre du plan allait plutôt prendre en considération « Le plan collier>> du nom d'un professeur d'économie en Angleterre.

Les images qui suivent peuvent donner aux lecteurs une idée de notre agriculture au 21eme siècle.

La préparation de la terre

Le transport au marche

Le marche se trouve a même le sol

Un model de maison paysanne

Y aura –t-il un effet négatif du tremblement de terre sur l'agriculture haïtienne?

Selon les estimations faites à la suite du tremblement de terre , un demi million environ de personnes ont quitté la capitale et réfugié en zones rurales, surtout vers les départements du Sud, du Centre et de Nord. 29% des 27.750 Km2 du pays sont constitués de terres arables et, 49% de celles-ci seraient mises en culture selon les estimations du FMI (2007). Les sols productifs d'Haïti sont caractérisés par la taille extrêmement réduite des parcelles. Approximativement 80% de celles-ci ont une taille comprise entre 1 à 1,8 Ha. Il est très probable que la pression sur les terres agricoles va augmenter avec les migrations des centres urbains vers les campagnes, dues au récent tremblement de terre. Prés de 60% de la population haïtienne vivent encore en zone rurale et 21% vivaient à Port-au-Prince au 12 janvier 2010 Bien que le code civil stipule que l'enregistrement des transactions foncières et des titres fonciers doit être effectué, dans la plupart des cas ni les transactions portant sur les acquisitions foncières ni les changements de propriétaires à la suite d'héritage ne sont, respectés. En plus de la taille réduite des fractions et la pression sur les terres agricoles, la tenure foncière en Haïti est définie par l'absence de formalisation de la tenure comme de celle des transactions foncières. Prés de 35% des parcelles rurales d'Haïti ne sont pas enregistrées et 9% ont seulement le reçu d'acquisition du terrain comme preuve de propriété. Environ 70% des contrats fonciers du pays suivent les normes et les accords normaux. En outre, la complexité des règles d'héritage en matière de tenure foncière dans les familles allongées prête aux conflits entre les membres de la famille quant à l'accès à la terre ainsi qu'à la tenure Dans cette situation de mouvance informelle, la plupart des paysans d'Haïti sont les propriétaires de leur parcelle de terre. Ils détiennent généralement leur lopin de terre soit par héritage soit par achat. En raison des règles de succession de la famille élargie sur la tenure en zones rurales, la fragmentation de la terre familiale embrouille davantage encore la situation déjà difficile de la grandeur des parcelles. L'Institut National de la Réforme Agraire (INARA) est l'organisme préposé aux questions de tenure foncière dans le pays. Cependant, l'Institut n'a pas été en mesure jusqu'à présent de remplir son rôle en ce qui concerne le foncier et les nécessités du pays en matière d'accès à la terre à cause des difficultés de coordination entre les diverses institutions gouvernementales concernées par les questions foncières dans le pays, des difficultés techniques pour l'adaptation du cadastre aux systèmes actuels de tenure foncière en Haïti et du manque de ressources financières et humaines.

La proposition concernant la tenure et la sécurité foncière poursuit deux objectifs : d'une part, arriver à la sécurité de la tenure foncière dans les zones rurales grâce à un processus équitable, transparent et légal de reconnaissance et de régularisation de l'usage des terres et des droits de propriété qui soit facilement accessible aux paysans pauvres ; et, d'autre part, favoriser l'accès à la terre par des accords fonciers culturellement acceptables, qui stimulent le développement agricole et les investissements pour le bien-être des communautés rurales.

Le problème du morcellement excessif de la terre et de l'érosion graduelle.

Pour affronter les principaux obstacles en fait de tenure foncière dans les zones rurales d'Haïti, il y a lieu présentement d'envisager une approche globale qui réponde aux objectifs à court et à moyen terme de la politique de développement agricole adoptée par le gouvernement pour la période 2010-2015, grâce à laquelle il importe notamment que l'approche de la tenure foncière vienne tout particulièrement en aide aux zones à fort potentielle agricole, telles que les plaines irriguées, les collines et les terres humides. Il est également nécessaire que, dans le moyen terme, l'approche suggérée parvienne à résoudre les principales difficultés de tenure foncière que rencontre actuellement Haïti au niveau national C'est pourquoi l'approche envisagée comporte deux phases : une stratégie à court terme pour répondre à l'insécurité de la tenure et aux difficultés inhérentes à la petite taille des parcelles dans les zones irriguées et dans celles bénéficiant des investissements agricoles ; ensuite, une stratégie à moyen terme comportant une réforme de la tenure rurale, intégrant une politique de tenure foncière, la révision du contexte juridique, un cadastre et un enregistrement des titres qui soient systématiques, de même que le renforcement du fonctionnement institutionnel de la tenure foncière. D'une manière générale, le contexte institutionnel, politique et social actuel du pays ne se prête guère à des interventions structurelles et en profondeur sur le foncier, domaine à la fois stratégique et hautement symbolique pour la Nation. Cependant, l'accès sécurisé à la terre s'impose de plus en plus comme une dimension incontournable de tout processus visant l'amélioration de la productivité des terres, la préservation des ressources naturelles et le développement agricole, d'autant qu'il encouragera les investissements dans le secteur. Des efforts soutenus seront alors déployés pour traiter de manière efficace les questions relatives au foncier dans le milieu rural, particulièrement dans les zones agricoles à haut potentiel (plaines irriguées; montagnes, plaines et plateaux humides) en vue d'offrir aux agriculteurs la sécurité d'exploitation sur les parcelles qu'ils cultivent pour favoriser les aménagements, la mise en œuvre de systèmes de cultures intensifs mais non dégradants et valoriser au mieux les investissements. A côté du Ministère des Finances (Direction de la conservation foncière, direction du domaine) et de l'Office National du Cadastre (ONACA), l'Institut de la Réforme Agraire (INARA) est l'organisme préposé aux questions de tenure foncière rurale dans le pays. Cependant, à cause des difficultés de coordination des diverses institutions gouvernementales concernées par les questions foncières dans le pays, compte tenu des difficultés techniques pour l'adaptation du cadastre aux systèmes actuels de tenure foncière d'Haïti et vu le manque de possibilités financières et humaines, l'Institut n'a pas été en mesure, de remplir son rôle en ce qui concerne le foncier et les nécessités du pays en fait d'accès à la terre. Pour affronter les principaux obstacles de tenure foncière dans les zones rurales d'Haïti, présentement, il y a lieu d'appuyer l'INARA dans la mise en œuvre, à court et moyen termes, des opérations de sécurisation foncière comprenant les éléments suivants : Il importe également de prendre des mesures visant à corriger les injustices, notamment au niveau des rapports de production : cela suppose une réglementation dans les situations de faire valoir indirect passant par : la définition de nouvelles conditions du métayage qui sont favorables aux exploitants agricoles également et qui permettent un réel partage des risques entre les exploitants et les propriétés terriens, la mise au point de dispositions légales pour fixer la durée de la location des terres prises et encadrer le montant des loyers afin d'éviter des augmentations abusives. L'agriculture traditionnelle ne pourra survivre la destruction du sol par l'érosion des terres arables et la démographie galopante en même temps. Nous devons encadrer nos paysans afin qu'il arrête de bruler la terre avant la moisson. L'utilisation du charbon de bois pose un risque constant pour le reboisement. Seulement

2% du territoire haïtien est recouvert de forets. Sans une modernisation de notre système de production agricole et une politique de reboisement, l'agriculture haïtienne continuera de mourir lentement mais surement. Rappelons avant de terminer ce chapitre, qu'environ 60% de jobs en Haïti se trouvent dans le secteur agricole.

Chapitre IV

Corruption et pauvreté en Haïti

La corruption est un phénomène universel a toutes les nations. Bien avant l'apparition de l'Etat Nation, les formes d'autorités existantes ont toujours eu besoin de recettes pour survivre. Dans la période ou les grandes villes dominaient le monde, la collection des impôts au dépens de leur sujets a permis aux Rois de vivre somptueusement. De son temps, Saint Thomas D'Aquin a été canonisé en dépit du fait qu'il fut un collecteur de taxes. D'ailleurs on lui prête cette maxime célèbre : *la vertu nécessite un minimum de bien être*. Le besoin de s'enrichir poussèrent les monarques a financer les conquêtes de nouvelles terres. La France, l'Angleterre, l'Espagne et le Portugal partirent a la recherche de nouvelles fortunes en Amérique, en Afrique et en Asie. Une fois débarques les nouveaux maitres imposèrent aux populations indigènes des conditions de travail infra humaines. Ce qui provoqua un génocide dans les pays nouvellement occupes. En Amérique après la décimation presque totale de la race indigène, les Européens décidèrent de les remplacer par des negres importes d'Afrique. Français

Alix Michel

et Espagnols furent parmi les premiers importateurs parce qu'ils remarquèrent que les negres pouvaient résister aux durs travaux des champs. Cette forme d'exploitation conduisant a l'enrichissement facile d'Etats au dépens d'autres existe encore aujourd'hui. Les deux guerres mondiales de 1914 et de 1945 ont amenuise cette tendance au niveau étatique. Mais au niveau de la société civile, exploitation et corruption continuent a représenter l'huile pour faire tourner le moteur du système capitaliste.

Dans le cas qui nous concerne, celui d'Haïti la corruption et l'exploitation des masses continue a être la raison d'être de l'Etat. Apres la naissance prématurée de cet Etat, les fondateurs eurent du mal a le faire fonctionner. Embargo économique et isolement diplomatique ont force Haïti a vivre en quasi-autarcie pendant un quart de siècle. Les mulâtres un des groupes ethniques ayant fonde l'Etat s'adjugèrent la part du lion dans l'assiette économique. Quand Jean Jacques Dessalines, décida de rendre le système plus équitable, il fut assassine. La république fut divisée en deux. La première décision du gouvernement d'Alexandre Pétion, dirigeant l'Ouest et le Sud du pays fut d'imposer un paquet de taxes. La Douane devint le caissier officiel de la république de Pétion et le général Bonnet instigateur de ce paquet de taxes. Contrairement a Dessalines , les nouvelles dispositions fiscales taxèrent le café beaucoup plus que le sucre. Apres la destruction subie par les plantations sucrières au cours de la bataille de libération, la culture du café devint beaucoup plus primordiale pour les paysans. En attendant la réparation des dommages subis par les plantations sucrières , il fut beaucoup plus facile d'investir dans le café. De plus les grands généraux de l'armée s'approprièrent la majorité des plantations sucrières, les autorités fiscales leur accordaient un taux de taxes plus faible que le café produit par la grande majorité des petits planteurs.

Ce type de corruption dont nous avons mentionne jusqu'ici fait l'étalage d'un Etat prédateur qui ne fit que renforcer les inégalités sociales. L'autre aspect le plus morbide de la corruption en Haïti c'est le détournement systématique des fonds du gouvernement par les responsables. Les premiers coupables parfois sont les chefs de la République. Le cas de président comme Michel Domingue et son homme de main Septimus Rameau qui se sont embarques vers l'exil avec des valises quasiment remplis de billets. Déjà Faustin Soulouque avait utilise toutes les réserves du pays pour se faire consacrer Empereur. Le président Cincinnatus Leconte disparut dans les flammes provoquées par l'explosion du palais national alors qu'il y dormait. Le complot fut ourdit par Tancrède Auguste ancien président qui reprochait a Cincinnatus l'organisation du procès de la consolidation. Ulcère par les détournements de fonds occasionnes durant les travaux d'asphaltage de la ville de Port au Prince, le président Leconte fit juger les principaux responsables de ces grands travaux et nombre d'entre eux furent condamnes. De tels examples sont rares en Haïti. La période de la première occupation d'Haïti ne contient pas de ces grands cas de corruption. Les gouvernements de Vincent, Lescot et Estime ne sont pas réputés pour leur kleptomanie. Avant la chute de Paul Magloire, le tout Port au Prince accusait son frère Arsène d'être le pilleur de son régime. On rapporte qu'il empocha une bonne partie de l'argent dépense par l'Etat haïtien dans les travaux d'infrastructure téléphonique nouvellement installes a Port au Prince. François Duvalier répute pour sa tyrannie avait calme un peu les tendances au détournement de fonds durant son administration. La suspension de l'aide Américaine fit que l'argent ne coulait pas a flots dans ce régime. Apres son départ d'Haïti Jean Claude Duvalier pouvait-on lire dans les medias américains avaient détourne plus de 900 millions de dollars. Jean Bertrand Aristide lui aussi fut dénonce par les medias américains de complicité avec les trafiquants de drogue. Mais jusqu'ici aucune preuve n'a pu être donnee pour établir la culpabilité des ces deux anciens présidents. Apres le départ d'Aristide de nombreuses personnes dans son entourage immédiat furent inculpées par la DEA(Agence contre le trafic de drogue aux Etats Unis). Sous la deuxième présidence de René Préval des cas de corruption spectaculaires se produisaient. Un Haut Employé du gouvernement, Marcelo a été enlevé sans laisser de traces, parce que dit-on il était un peu trop strict dans la gestion des appels d'offres ou passation de marches. Les 197 Millions de dollars de la Petro Caribe que le gouvernement du vénézuélien Hugo Chavez a autorise au gouvernement haïtien d'emprunter a l'occasion des quatre cyclones qui ont frappe Haïti en 2008, se sont fondus comme beurre au soleil. Dans le conflit qui suivit entre Préval et son premier ministre Michèle P louis, cette dernière fut limogée par la chambre du Senat. Un autre aspect de la corruption que nous voulons aborder est celle de la machine administrative.

Les résultats d'une enquête personnelle que j'ai menée en Haïti montrent que la corruption continue de représenter un grave défi et indiquent des faiblesses dans les secteurs de la justice et de la sécurité, ce qui constitue des obstacles majeurs à l'amélioration de la gouvernance, à l'accès aux services de qualité et à la croissance économique. Le secteur public haïtien a eu des résultats relativement bons sur les mesures de transparence concernant le personnel et le budget, qui sont les points d'entrée typiques de la corruption. Cependant, les personnes interrogées considèrent que le versement de pots-de-vin pour des transactions publiques représente la principale cause de corruption. Cela reste une source importante de corruption qui se produit le plus fréquemment dans le Service de la Circulation des Véhicules et l'Administration Générale des Douanes. Pour les citoyens, les bas salaires des fonctionnaires et un système inadéquat pour la dénonciation des cas de corruption comptent également parmi les principales causes de la corruption. De plus, le recours à l'influence économique pour affecter les décisions concernant la justice, le personnel et le budget est un défi continu.

J'ai mené des recherches qui m'ont confirme que la persistance d'une mauvaise gouvernance est la cause de pertes d'argent considérables pour les entreprises privées , et dissuade de nombreuses personnes de faire appel à des services publics essentiels. Ce mal nuit également au fonctionnement des institutions publiques et du secteur des ONGS, et place un fardeau partiellement plus lourd sur les secteurs les plus démunis et les plus fragiles de la société haïtienne. Aussi, le point de référence de la qualité des services et de la confiance dans l'intégrité du secteur public reste bas pour de nombreuses agences publiques, considérées comme malhonnêtes ou offrant des services de piètre qualité par la majorité des personnes

Une quantité signifiante de personnes a qui j'ai eu la chance d'aborder le sujet signalent que la corruption est un problème « très grave » et indiquent que la corruption a empiré au cours des dernières années..Si ces révélations constituent un défi intimidant, notre enquête nous a fournit des indications détaillées visant à guider la mise en place d'une réforme de la gouvernance. Singulièrement, la société civile présente des champions potentiels pour la promotion de la bonne gouvernance : les médias, et les institutions religieuses, qui comptent parmi les contributeurs les plus efficaces au combat contre la corruption. L'Unité de Lutte Contre la Corruption (ULCC) qui est une institution de l'Etat, joue aussi un rôle important. Les disgrâces au signalement efficace et opportun des activités de corruption ont été également étudiées. Les familles donnent comme principales raisons pour ne pas signaler les cas de corruption le fait qu'il n'y aura possiblement pas d'enquête de suivi et que les décisions des tribunaux ne seront pas appliquées, ainsi que la crainte de représailles. La peur des vengeances est également vue par les fonctionnaires comme très dissuadant, tout comme le fait de ne pas savoir à qui ou à quelle agence donner les plaintes. Ces données conseillent des points spécifiques que le gouvernement pourrait cibler pour augmenter les signalements des actes de corruption et le soutien général aux bonnes pratiques de gouvernance.

Les effets des récentes difficultés politiques et économiques d'Haïti sont reflétés dans les opinions des répondants sur la situation actuelle du pays. La grande majorité des citoyens considèrent que leur qualité de vie est « mauvaise ». Au cours de la dernière période qui a suivi le tremblement de terre, ils ont également noté une détérioration des conditions dans de nombreux domaines, parmi lesquels le système de la santé, de l'éducation et de la justice. Cette détérioration affecte les différents secteurs de la société haïtienne mais touche particulièrement les pauvres qui dépendent lourdement des services publics. Néanmoins les plus enclins à dire que la qualité de la vie est mauvaise, et qu'elle s'était détériorée, sont les personnes vivantes sous les tentes.

Les jeunes considèrent que le chômage, le coût élevé des services de base et la sous-alimentation comptent parmi leurs premières préoccupations. La corruption dans le secteur public est qualifiée de problème majeur ou très grave par un grand nombre de fonctionnaires. Les diverses manifestations et formes de corruption, ainsi que le manque d'efficacité figurent également parmi les problèmes importants, d'autant plus qu'ils participent à l'aggravation des autres problèmes.

Dans le secteur privé, le manque de sécurité ressort comme le principal obstacle à la croissance des entreprises, suivi par le crime, le vol et l'inflation Presque tous les chefs d'entreprise ont signalé que la corruption dans les secteurs public et privé était importante.

De même, le niveau de confiance dans la capacité du gouvernement à réduire ces problèmes est généralement bas. Les gens de toutes les couches sociales pensent en majorité que le pays est mal gère. Les gouvernements tour_à_tour prennent rarement en compte les besoins des gens.

Types de corruption

Les pots-de-vin (en général 10% du montant de la transaction)

Le phénomène de la corruption en Haïti se présente sous différentes formes. Les familles, les responsables d'entreprises et les employés du secteur public rapportent tous que le versement de pots-de-vin dans le but d'obtenir des services publics de base ou des licences, d'influencer des décisions judiciaires ou l'attribution de contrats publics et d'autres fonctions de l'État reste un problème important.

Des agents du secteur public ont déclaré que certains fonctionnaires étaient à l'origine ou simplement au courant de nombreux cas de pots-de-vin concernant des particuliers. D'autre part, des cas impliquant des entreprises locales ou internationales étaient le fait d'employés du secteur public.

Ce type de corruption au sein du gouvernement peut constituer un obstacle majeur à la croissance économique en ce qu'il décourage les investissements. Beaucoup de chefs d'entreprises expliquent que le versement de pots-de-vin à des fonctionnaires est nécessaire pour l'obtention de services dans un délai raisonnable. Des employés du secteur public interrogés ont déclaré que des fonctionnaires ou agents étaient à l'origine ou simplement au courant des cas de pots-de-vin concernant des particuliers. D'autre part beaucoup de cas impliquant des entreprises locales ou internationales étaient le fait d'employés du secteur public.

Cet archétype de corruption au sein du gouvernement peut constituer un obstacle majeur à la croissance économique en ce qu'il décourage les investissements. Nombreux chefs d'entreprises expliquent que le versement de pots-de-vin à des fonctionnaires est nécessaire pour l'obtention de licences commerciales et indiquent que, sans pot-de-vin, il n'est pas possible de décrocher un contrat public. Cependant, une majorité des employés du secteur public nie l'existence de la corruption pour obtenir des contrats publics est très répandue. Pour cette majorité de fonctionnaires seulement une infime partie des contrats publics ont été obtenus à travers des pots-de-vin, et ces pots-de-vin ne représentaient en général un grand pourcentage du coût total du contrat.

Le problème n'est pas limité aux entreprises privées. Des personnes interrogées ont confirmé avoir eu à verser un pot-de-vin à un fonctionnaire local pour l'obtention de services de base. Les citoyens répondants ont signalé que les pots-de-vin étaient le plus fréquemment demandés dans le Service de la Circulation des Véhicules et dans l'Administration Générale des Douanes, alors que la fréquence des versements atteignait une proportion significative au ministère de la Justice.

Les versements de pots-de-vin sont évidents dans les décisions des agences publiques concernant le personnel et le budget, même s'ils se produisent à un degré plus faible. Les résultats indiquent que les plus gros pots-de-vin, en moyenne, pour une promotion sont demandés par des employés du Ministère de la justice, de l'Administration Générale des Douanes, et de la TELECO. La corruption représente également un coût matériel pour l'ensemble du Gouvernement puisque près de la moitie des fonctionnaires consultés ont signalé que le versement de pots-de-vin était une pratique fréquente pour éviter le paiement de taxes et impôts. De plus, des fonctionnaires ont indiqué que des décisions concernant le budget public étaient influencées par des paiements illégaux. Le coût financier de la corruption est nettement ressenti et reconnu par les utilisateurs des services. Les familles autant que les entreprises privées ont répondu être prêtes à consacrer un grand effort si cela devait permettre l'élimination complète de la corruption.

Intégrité des institutions.

Les entreprises privées et les ONGS conviennent que l'Administration Générale des Douanes et la Direction Générale des Impôts comptent parmi les agences publiques les plus corrompues d'Haïti. L'appareil judiciaire, incluant le Ministère de la Justice et de la Sécurité Publique, les Juges et les Tribunaux, est souvent vu comme manquant d'intégrité. Cet absence d'intégrité dans le système judiciaire est souligné par le fait que beaucoup de personnes dans le pays placent la Police Nationale d'Haïti (PNH) dans la liste des 10 agences les plus corrompues. Ceci est à souligner si l'on considère que tous les répondants citent la criminalité et la violence comme étant des obstacles majeurs à l'amélioration de la qualité de la vie, au développement économique et à l'accès aux services.

Le Parlement et les partis politiques n'échappent pas a ce phénomène de la corruption. Les services publics les plus mal classés sur le plan de l'intégrité sont : TELECO, CAMEP/ SNEP et Électricité d'Haïti. De plus, de nombreuses personnes consultées donnent également une mauvaise note à un nombre important d'autres services publics. De l'avis des citoyens, les plus honnêtes se retrouvent dans le secteur bancaire. Comme l'indiquent les sections suivantes, ces organismes sont aussi reconnus pour la grande qualité de leurs services. Par conséquent, ces exemples d'intégrité pourront servir de modèles pour la planification de réformes dans d'autres secteurs.

Corruption et promotion

Les insuffisances dans les pratiques par le secteur public créent des points d'entrée pour la corruption et sont un facteur clé du manque d'intégrité des agences publiques. Même si les informations recueillies ont fait apparaître des problèmes importants de gouvernance, nos contacts nous indiquent globalement que les agences publiques haïtiennes maintiennent des procédures et des contrôles relativement stricts sur les décisions concernant le personnel et le budget. Les données fournies composent un tableau relativement favorable du recrutement du personnel. La majorité des fonctionnaires rapportent avoir obtenu leurs postes sur concours ou par promotion interne. De nombreux fonctionnaires pensent que les règlements de leur service concernant la gestion du personnel sont « souvent » ou « toujours » simples, bien contrôlés et strictement appliqués.

Ils conviennent que les recrutements sont basés sur le mérite et seulement quelques uns ont cité que la pression politique était un facteur dans les décisions relatives au personnel. La majorité des employés du ministère du Commerce et de l'Industrie et de la Direction générale des impôts considèrent que le mérite est récompensé dans leurs institutions.

Néanmoins, un grand nombre des employés du service public abordes répondent que les recommandations d'un ami personnel ou d'une relation du responsable du service ont joué un rôle dans l'obtention de leur poste, et certains confirment avoir été soumis à la période d'essai recommandée de 3 mois. L'accès à l'information sur l'emploi dans la fonction publique dépend également des relations personnelles . Presque tous les fonctionnaires ont dit avoir entendu parler de leur poste par notification personnelle, alors que seulement un infime minorité reconnait avoir entendu parler par les médias ou par notice publique. Pour une autre quantité de fonctionnaires , les décisions concernant le personnel étaient rarement, voire jamais, transparentes.

Les employés du secteur public ont mentionné des conditions de leur recrutement qui sont souvent associées au mauvais moral des employés. Moins de la majorité des fonctionnaires convient qu'il est préférable de travailler dans le secteur public que dans le secteur privé. Nonobstant, les employés de la fonction publique démissionnent rarement pour aller travailler dans le privé, alors qu'il est un peu moins rare pour des fonctionnaires de venir du secteur privé.

De manière générale, les fonctionnaires voient le mérite et l'ancienneté comme les facteurs déterminants du processus de recrutement dans le secteur public. Toutefois, parlant des « autres » facteurs éventuellement pris en compte pour le recrutement, la plupart des répondants ont mentionné les pots-de-vin . Il convient de signaler certains employés consultés ont également évoqué les relations familiales et les pressions politiques.

Le système judiciaire face a la corruption.

La justice est un élément clé pour assurer la bonne gouvernance mais, en Haïti, la croyance est répandue que le système judiciaire est injuste et sujet à la manipulation de puissants intérêts.

Cette vue illustre un accès limité au système judiciaire. En effet, seulement une minorité de citoyens ont indiqué avoir eu recours aux tribunaux au cours des trois années ayant précédé cette enquête diagnostique. Quant à ceux qui ont eu affaire à l'appareil judiciaire, ils qualifient l'expérience de défavorable. Ces données suggèrent que les citoyens et les entreprises ont un accès limité à la justice.

Presque toutes les personnes qui ont eu affaire au système judiciaire l'ont décrit comme injuste. D'ailleurs, la grande majorité de la population en Haïti considère que les tribunaux sont discriminatoires vis-à-vis des pauvres. Un pourcentage élevé de dirigeants d'entreprises rapportent que les tribunaux sont manipulés par le gouvernement et des groupes économiques puissants. De plus, les ONGS affirment que les juges sont vulnérables aux menaces quand ils prononcent des jugements contre des groupes puissants.

Nos interlocuteurs ont identifié plusieurs problèmes ayant pour effet de dissuader le recours au système judiciaire. Pour de nombreux responsables d'entreprises, la raison principale est le fait que les décisions des tribunaux ne sont pas appliquées. Le retard des procédures et le manque de clarté des lois figurent également parmi les principaux facteurs dissuasifs cités par plus de la moitié de personnes interrogées.

Ces obstacles ont pour effet de ne pas permettre à ceux qui en ont besoin d'accéder justement au système judiciaire ou de les dissuader d'y recourir. Un nombre impressionnant de citoyens ont déclaré éviter tout recours au système judiciaire même quand ils ont besoin de faire appel aux services d'un tribunal. (Dans ces situations, la majorité des gens ont préféré s'adresser à un ami de la famille pour résoudre leurs problèmes. Ils se sont également tournés vers des chefs religieux ou communautaires et des avocats.)

_____

Insécurité et corruption

Tous les groupes consultés disent que le manque de sécurité est le principal obstacle à l'amélioration de la qualité de la vie en Haïti. Les ONGS ont défini le manque de sécurité comme le deuxième défi le plus important pour l'accès aux services et les hommes d'affaires ont identifié cette situation comme un obstacle sérieux à la croissance de leurs activités.

De nombreux secteurs ont confirmé que les niveaux de la violence et de la criminalité en Haïti ont augmenté durant les années suivant le départ du président Aristide. A quelques exceptions prés toutes les personnes que j'ai contactées au cours de mes visites dans le pays m'ont affirme avoir eu au moins un proche victime d'actes de violence ou d'intimidation.. Les pourcentages parmi les fonctionnaires et les propriétaires d'entreprises privées étaient encore plus élevés **Nos informations nous** montrent que la corruption au niveau des Forces de sécurité publique et leur inefficacité à combattre l'insécurité sont des facteurs d'accentuation de ce problème et une source majeure de mauvaise gouvernance au sein de la structure de l'État. Les répondants de tous les groupes, sans exception, ont identifié la pauvreté comme la principale cause de l'insécurité. Cependant, une moyenne ajoute que l'inefficacité de la Police Nationale est l'une des raisons principales de la persistance du problème. De plus, ce manque de confiance dans la Police constitue un obstacle à l'accès à ces services pour de nombreuses victimes d'actes de violence. En réalité de nombreuses victimes de violence ont cherché de l'aide ailleurs qu'auprès de la Police Nationale. Pour la moitié des habitants de Port au Prince, la Police n'est pas capable d'améliorer la sécurité et une moyenne dit qu'Haïti ne peut faire face à ses problèmes de sécurité sans l'aide internationale ou si l'institution : les Forces Armées d'Haïti, n'est pas reconstituée. La bonne gouvernance requiert une approche systématique pour améliorer le fonctionnement des institutions publiques. Bien que nos recherches mettent en évidence les points faibles au sein de la structure d'État, il est à noter que pour améliorer la performance, des réformes sont nécessaires aussi bien au niveau des prestataires des services publics que des usagers. En Haïti, les habitants ont classé le gouvernement et eux-mêmes, comme deux des agents contribuant à la corruption. Il faut également remarquer que les fonctionnaires du Service des douanes et de la Police sont classés beaucoup plus haut et, donc, sont vus comme pires que les agents des « autres » administrations en matière de corruption. Ce qui correspond avec le mauvais classement de ces deux services sur le plan de l'intégrité.

Mais les spécialistes considèrent que ce sont les institutions religieuses, les médias et les ONGS qui sont les plus efficaces dans le combat contre la corruption. Les ONGS, dans leur ensemble, reconnaissent le rôle positif des médias et accorde à la presse la première place dans ce domaine. L'ULCC et les organisations de la société civile sont considérées comme efficaces, à la différence du gouvernement. Beaucoup d'amis nous ont déclare ne pas croire à la sincérité des efforts du Gouvernement pour réduire la corruption et beaucoup ont dit que sa stratégie anti-corruption n'était pas efficace.

Ceci contraste nettement avec la position des fonctionnaires qui ont affirmé, à une majorité écrasante, que c'était une priorité sincère dans leurs propres agences comme dans le Gouvernement

Ces fonctionnaires nous ont indique également pourquoi de nombreuses personnes ne dénoncent pas les actes de corruption. Les principales raisons invoquées sont la peur des représailles et le sentiment que les plaintes ne sont pas examinées et que les décisions ne sont pas appliquées.

Prés de la moitie des fonctionnaires ont indiqué ne pas savoir où transmettre les plaintes et ont affirmé que même si une plainte est déposée, cela ne donne lieu à aucune enquête de suivi. Certains groupes nous ont confie que le processus est trop complexe et prend trop de temps, ce qui suggère que la simplification des procédures pourrait conduire à une augmentation du nombre des signalements d'actes de corruption.

Conclusive remarque sur la corruption en Haïti

Ce résumé souligne les principales observations de l'enquête que nous avons menée et suggère des domaines et secteurs où des réformes sur la gouvernance et contre la corruption doivent être mises en place en priorité.

☐ Le coût élevé des services de base et le coût de la vie en générale, sont au sommet des préoccupations nationales en Haïti. La corruption est considérée comme un sérieux problème et des entreprises privées ont précisé que c'était un obstacle important à la croissance économique.

☐ Les citoyens considèrent que les pots-de-vin sont la forme de corruption la plus courante en Haïti. Les usagers rapportent que c'est au Service de la circulation des véhicules et au Service des douanes qu'ils sont le plus souvent contraints de payer des pots-de-vin.

☐ Dans le secteur public, les fonctionnaires estiment que les pratiques de gouvernance portant sur le recrutement des personnels et les décisions budgétaires sont relativement compliquées. Toutefois, l'insuffisance des contrôles sur les dépenses budgétaires facilite l'enrichissement illicite et spectaculaire de certains fonctionnaires. La méfiance vis à vis de la Justice et des forces de police ont conduit la majorité des victimes à avoir recours à d'autres moyens de sécurité. Les citoyens pensent que la police ne peut assurer leur sécurité. De plus, beaucoup, même si ce n'est pas la majorité, disent qu'une intervention internationale est nécessaire pour aider Haïti à résoudre ses problèmes de sécurité.

☐ Les citoyens souhaitent s'attaquer au problème de la corruption et seraient disposés à consacrer en moyenne une partie de leurs revenus pour éliminer la corruption. Ils pensent que les médias, les institutions religieuses et l'ULCC mènent un combat efficace contre la corruption. Cependant, une écrasante majorité émet de sérieuses réserves quant à la sincérité des efforts du Gouvernement pour traiter les problèmes de corruption.

Chapitre V

Pauvreté et croissance économique en Haïti

La pauvreté par définition est l'impossibilité par un citoyen de satisfaire ses besoins primaires. Le manque d'argent augmente de façon considérable les inégalités d'opportunités en termes d'accès aux ressources et aux facteurs tels que crédit et éducation. Le système de valeurs, la faiblesse des services sociaux de base, les mauvaises conditions de résidence, le manque de capacité à participer aux décisions publiques, le manque de contacts sociaux pour les plus démunis sont autant de facteurs alimentant la pauvreté. Elles proviennent également des économies publiques qui ont des effets de répartition et orientent la valorisation et la subvention des ressources. Depuis plus de deux cent ans, l'organisation économique en Haïti est centrée sur les avantages d'une oligarchie. La misère est fondamentalement liée au manque d'accès a certains actifs, notamment l'éducation, le travail, le capital physique, le crédit, le capital social, les services de base. Le gain de l'éducation est cependant plus important en milieu urbain, que dans les endroits recules. Ce qui renvoie à des différences dans les conditions et opportunités de mettre en valeur les capacités, notamment les infrastructures socio-économiques disponibles, les marchés, l'accès au crédit. L'analyse de la situation en ce qui a trait aux principaux facteurs : travail, éducation, capital, infrastructures socio-économiques (électricité, voies de communication, eau courante) confirme l'idée que les causes de la pauvreté résident fondamentalement dans le manque d'actifs et l'inégale distribution des richesses du pays.

L'augmentation de la pauvreté est liée aux mauvaises politiques qui ont accompagné la dynamique de déclin de l'économie haïtienne. L'épuisement des politiques, leurs carences sont également en cause. La politique néolibérale d'ajustements structurels entreprise depuis le début des années 80s n'ont pas suffisamment pris la mesure de leurs effets sur la répartition et les contraintes naturelles de l'économie. Les politiques de libéralisation et les dérégulations mises en œuvre ont été peu suivies d'initiatives en matière de renforcement de la capacité économique du pays..

Elles doivent viser une réduction à la fois de la pauvreté monétaire et de la pauvreté humaine. Nous pensons qu'avec un taux de croissance de 7 a 8% l'an sur une période de 10 a 15 ans, le pays sortira du trou de la pauvreté absolue. De plus, une fécondité décroissante allant jusqu'à 2 ou 3 enfants par famille aidera avec le problème démographique, une des causes de cette pauvreté dégradante.

Le cadre macro-économique peut être réorienté pour le rendre plus incitatif dans les secteurs économiques dont les potentialités pourront être plus facilement exploitées comme :

les branches à fort potentiel du secteur agricole, l'agro-industrie, le tourisme et les filières textiles de l'industrie manufacturière qui doivent être les priorités. Dans cette optique, la politique de la Banque de la République d'Haïti ne devrait plus se concentrer uniquement sur la réduction de l'inflation. Elle devrait, planifier une stratégie de développement économique et sociale visant également la création d'emplois. Dans le but de favoriser une amélioration rapide du niveau de productivité, facteur important de compétitivité dans ce monde de globalisation, des politiques sectorielles spécifiques et transversales viseront à développer des services appropriés tout en contribuant à la mise en place d'un environnement d'affaires complètement rénové. Le mouvement de rénovation des infrastructures de base se poursuivra avec notamment les services d'eau potable et d'assainissement. De même, l'Etat haïtien poursuivra son effort de modernisation des systèmes éducatif et sanitaire, avec pour objectif de fournir des services plus accessibles et de meilleure qualité à l'ensemble de la population, tout particulièrement aux groupes vulnérables. Compte tenu de la difficulté de dégager des ressources importantes d'épargne et d'investissement dans un horizon temporel limité alors que les pressions sont importantes (par example la pression pour créer massivement de l'emploi tandis que la concurrence internationale se fait de plus en plus forte), une des stratégies pour créer les marchés qui seront à la base de la Nouvelle Economie haïtienne consistera à développer plusieurs pôles de croissance autour de groupes d'activités déterminés spécifiques à chacune des zones retenues. Ces pôles pourraient constituer un instrument puissant d'accélération de la croissance en Haïti.

Quel model de croissance pour Haïti ?

Pour beaucoup d'économistes sans l'application de théories de la croissance bien articulées, aucune réduction sensible de la pauvreté ne peut se produire. La formulation de ces théories doit permettre d'identifier les causes de la stagnation économique dans certaines régions du pays durant des décennies. Une bonne théorie de la croissance en premier lieu doit viser la stabilité macroéconomique. Elle doit permettre les interactions entre l'offre et la demande, entre demande totale et épargne et finalement tenir compte de la façon dont s'est produite historiquement l'accumulation de capitaux monétaires et humains.

Apres la période glorieuse de Dumarsais Estime suivie par celle relativement abondante de Paul Magloire la croissance économique a suivi une pente décroissante durant le années de François Duvalier. La « révolution économique Jean claudiste » a produit une période de croissance mais les inégalités ont persiste et la corruption a empêché une vraie répartition des dépenses publiques. Il a fallu attendre le début des années 80's pour voir le FMI imposer une politique dénommée « ajustement structurel> pour arriver a une croissance économique durable. Bien avant le FMI, l'agence canadienne de développement avait essaye en Haïti une stratégie dénommée « développement régional intègre> . Cette stratégie basée sur la création des pôles de croissance consistait en l'ouverture de nombreux petit projets pouvant générer une augmentation de revenus dans une zone principale avec effet multiplicateur sur les régions avoisinantes. Les canadiens pensèrent que la stagnation économique prolongée de ces zones ne pourraient être transformée en croissance que par un afflux d'investissements canalises vers les régions les plus affectées. Malheureusement cet approche connut un échec retentissant et les conseillers canadiens durent plier bagages. Les causes de ce revers résidaient dans la corruption et l'inefficacité de l'administration publique haitienne. Aujourd'hui avec l'avènement de nouvelles théories de la croissance, les économistes haïtiens devraient être en mesure de créer d'autres plans alternatifs pour une croissance économique durable. Mentionnons trois principales idées pour obtenir des moyens endogènes de progrès.

Premièrement, l'Etat devrait être en mesure de créer un environnement économique favorable a l'investissement.

Deuxièmement, une classe d'entrepreneurs désireux d'investir et n'ayant pas peur de risquer doit s'émerger en Haïti.

Troisièmement, l'utilisation de nouvelles technologies et de nouveaux procèdes dans tous les secteurs de la production.

Rappelons que depuis environ deux cent ans Haïti est a la recherche d'une stabilité politique. Durant l'intervention américaine de 1915, le pays connut une période de stabilité relative. Cette situation se maintint après le départ des américains en 1934. Des présidents ont pu être élus par des procèdes démocratiques. Une nouvelle administration publique fut crée par les américains. Une nouvelle armée hiérarchisée a été entrainée et installée par les marines. Malgré tout Haïti ne connut un réel développement économique a cette époque. La principale raison fut l'absence de capitaux pour engager des activités de développement. Les occupants préférèrent achever le paiement de la dette de l'Indépendance due aux Francais. Apres leur départ en 1934, les signes de développement économiques ne furent pas nombreux en Haïti. Dumarsais Estime le président issu de la révolte anti Lescot de Janvier 1946 passe dans l'histoire de ce pays comme l'un des plus progressistes. Pour avoir entrepris de grands travaux publics a travers le pays, Dumarsais Estime a pave la voie pour une croissance économique en Haïti. En addition, la position adoptée par son gouvernement face aux revendications sociales lui a permis de conquérir l'estime dune grande majorité d'haïtiens. L'environnement économique établi par le gouvernement de d'Estime créa un multiplicateur social qu'une bourgeoisie entreprenante aurait pu exploiter pour le décollage d'Haïti. Malheureusement, sa destitution par un coup d'Etat stoppa net ce climat favorable aux investissements économiques. Le régime militaire de Paul Magloire et la dictature des Duvalier (père et fils) n'ont pas réussi a maintenir le pays sous la rampe de développement économique. Aujourd'hui encore le besoin d'une croissance économique soutenue est la condition pour améliorer la pauvreté en Haïti. Mais comment réaliser cette croissance ? Je pense que la situation lamentable dans laquelle se trouve Haïti nécessitent des reformes en profondeur de tout le système.

La centralisation a outrance du système administratif haïtien représente l'un des plus grands pierres d'achoppement aux changements nécessaires pour parvenir a un développement économique. Les nouvelles théories de la croissance met l'emphase sur :

a) la libéralisation du commerce avec des réductions allant jusqu'a 50% des tarifs sur 90% des produits.

b) une augmentation des investissements directs des étrangers en Haïti. Malgré que la diaspora affiche de bonnes intentions patriotiques pour investir en Haïti, des structures d'accueil n'ont jamais été mis en place. La corruption et la lenteur administrative du système ralentissent le flot d'investissements dont Haïti pourrait bénéficier des haïtiens vivant a l'étranger. Pour des raisons historiques Haïti ne peut pas compter sur le flux des capitaux financiers parcourant le monde. La mauvaise image maintenue constamment dans la presse étrangère a l'égard du pays haïtien n'est pas pour faciliter l'arrivée d'investisseurs.

c) la dérégulation en vue de faciliter les procédures de démarrage de nouvelles entreprises et la manufacture de nouveaux produits.

d) une reforme en profondeur du code de taxation en Haïti. Par example, on pourrait réduire la taxe sur certains types d'investissements.

Faut-il penser qu'après tout cet expose sur les théories de la croissance qu'Haïti sera en mesure de relancer son économie. D'autant plus que la plus part d'entre elles ont été déjà conseillées surtout par les économistes de la Banque mondiale et du Fonds monétaire international opérant en Haïti. En 1996 le ministre des Finances de René Préval déclara sans ambages « j'ai applique la politique néolibéralisme en Haïti >. Cependant il ne mentionna pas un mot a propos des résultats de cette politique. Des entreprises d'etat ont été privatisées. Un nouveau code d'investissements a été écrit. Mais quand Jean Bertrand Aristide lui succéda en 2000 une évaluation technique de cette théorie politique suivie par le ministre ne fut pas réalisée.

Model de réduction de la pauvreté contre model de développement économique

Je pense que la croissance économique peut se définir comme l'arithmétique augmentation de la production nationale sur une période fiscale. Pour certains économistes, la croissance économique va plus loin ; on doit y insérer l'augmentation de la capacité productive, l'amélioration de la capacité technologique et les ajustements idéologiques que nécessitent l'économie pour progresser.

Quelque soit la définition considérée, la croissance économique serait le moyen et le développement économique la fin pour arriver a une augmentation du bien être national.

Le terme économique développement va plus loin qu'un simple accroissement du revenu national. Il encompasse l'amélioration générale des conditions de vie de toute la nation. Il faut y inclure le progrès social dans la vie des citoyens . Il nécessite un changement dans la structure de la distribution du revenu national basée sur les changements démographiques survenus dans le pays.

Apres une longue observation et analyse des mesures économiques prises dans le pays durant les 20 dernières années, je suis arrive a la conclusion que nous ne sommes pas dans la bonne direction. Les économistes haïtiens au nouveau de la Banque centrale de la république d'Haïti s'attache a une politique de stabilité macro-économique pour permettre a l'économie de croitre. Mais peut-on croitre une économie avec des taux d'intérêts de 25 a 30%.. Comme recommande par le FMI tous les gouvernements haïtiens des 20 dernières années ont réduit les dépenses de l'Etat ;ils ont privatise les entreprises autonomes déficitaires afin de réduire le déficit budgétaire. Commence en 1986 après le départ de Jean Claude Duvalier, la reforme du code Douanier s'est poursuivie en 1994 avec le retour de Jean Bertrand Aristide. Cette reforme a consiste en la réduction des tarifs douaniers sur un grand nombre de produits importes. Cette réduction des recettes de l'Etat a empêché a ce dernier d'envisager des projets de développement économique. Suivez notre raisonnement :

a) la BRH maintient une politique monétaire de contraction économique —ce qui gène les investissements prives en Haïti. —b) a cause du déficit budgétaire chronique l'etat est presqu'en banqueroute et ne peut investir. Prés de 90% du budget national est consacre aux paiements des fonctionnaires. L'aide internationale et les remittances de la diaspora représentent les seules alternatives pour une survie économique de la grande majorité des haïtiens. Certains économistes dénomment cette situation : la trappe de la pauvreté.

Le model neoliberaliste en Haïti

1981- 1982 Marc Bazin

Apres les somptueuses festivités du mariage, Marc Bazin devint ministre des Finances de Jean Claude Duvalier. Apres une tournée le conduisant jusqu'au Moyen Orient a la recherche de prêts pour le gouvernement, Emmanuel Bros le ministre des Finances de l'époque retourna bredouille. Face au besoin de liquidités du gouvernement macoute, la banque mondiale leur envoya Mr clean avec pour mission de reformer les finances haïtiennes. Courageusement il se mit a la tache. Il s'attaqua a la quantité de franchises douanières dont jouissaient les manitous du régime dans un effort pour augmenter les recettes douanières. Puis il se retourna contre les comptes non-fiscaux qui servaient de vache a lait pour certains fanatiques du régime. Principalement la régie du tabac et des allumettes ou les droits d'accise collectes n'apparaissaient pas dans le budget national. Pour la première fois en Haïti on vit un ministre parler devant la presse pour expliquer la situation financière de l'Etat haïtien. Il exhortait tout le monde a se serrer les ceintures afin de réduire le déficit budgétaire. Déjà dans les rues le dollar vert commençait a se faire rare. Depuis la convention de 1912 consacrant la parité fixe entre la gourde et le dollar, pour la première fois les haïtiens désirant des dollars devaient les acheter a un taux très bas. Le mariage entre Marc Bazin et les Duvaliéristes fut très court. Les milieux macoutes furent paniques par certaines mesures du ministre. Par example la fiscalisation des rentrées de la Régie du tabac et des allumettes donnèrent des sueurs froides a certains hauts places. La suppression de certaines dépenses non justifiées par le ministère des Finances causa un tollé dans certains milieux réputés proches du président. On pensa a un sabotage pour faciliter l'affaire des camoquins .Apres quelques mois, Marc Bazin surnomme Mr Clean par la presse américaine fut remercie et dans la soirée même il retournait aux Etats Unis via Santo Domingo. Une atmosphère de fête salua le départ de ce" nettoyeur" dans l'administration publique. Les partisans zélés du régime ne se rendirent pas compte que la mission de Marc Bazin était d'assainir la situation financière afin de maintenir la croissance économique entamée dans les années précédentes. La survie de leur régime a vie dépendait du succès de cet homme cible comme un ennemi implante dans leur sein. Ils le regretteront quelques années plus tard.

1983-1986 USAID

Apres l'échec de Marc Bazin , les organismes économiques ne lâchèrent pas prises sur Haïti. Des experts venus de Washington en coopération avec l'USAID adopta un nouveau plan pour Haïti. Ils proposaient de réorienter une certaine partie de l'agriculture haïtienne dans des produits d'exportation. En contrepartie, ils encourageraient l'augmentation des industries d'assemblage dans le pays.

Jusque la Haïti avait la capacité de nourrir ses habitants . Les retombées de la nouvelle approche économique ne se fit pas attendre. La productivite agricole déclinait et ne perdons pas de vue que la démographie continuait a galoper. Les importations de nourriture passaient de 62 a 89 millions de 1983 a 1987 soit un total de 20% des importations générales du pays. Le ''Food for Works '' et le ''Food for pace'' program importèrent sur le marche haïtien des produits alimentaires et céréaliers. Même la distribution gratuite des produits alimentaires ne parvenaient pas a satisfaire les nouvelles exigences du marche. Terrasses par la faim, les paysans émigrèrent vers les villes. De 720.000 habitants en 1980, la population de Port au Prince passa a un million en 1986. Et ce fut le début de la construction des fameuses bidonvilles ceinturant Port au Prince. De 50.000 aux environs de 1980 la ville du Cap passa a 80.000 en 1986. La population des Cayes atteignait 50.000 en 1986. La migration interne était aussi suivie par une autre externe. Port au prince ne pouvant contenir cet afflux, par conséquent certains d'entre eux partirent vers la Floride et la république Dominicaine. Un journaliste haïtien baptisa ce mouvement de DPM Kanté.(allons a Miami directement) Les industries d'assemblage groupées dans le parc industriel a proximité de l'Aéroport parvinrent a augmenter les exportations d'Haïti vers l'étranger. De plus environ 60.000 emplois furent génères dans le parc. Sur le plan des recettes fiscales, les maigres rentrées furent insignifiantes a cause du salaire extrêmement maigre paye aux ouvriers. La plupart de ces usines bénéficiaient du droit d'exemption a l'exportation. D'ailleurs cela constitua une stratégie utilisée par le ministère du commerce pour les attirer.

Ce plan représenta l'ultime tentative par les américains de l'USAID pour sauver le régime Jean Claudiste. La cleptomanie des Duvaliéristes eut un impact dévastateur sur l'économie haïtienne. Au lieu de progresser le pays régressait. La croissance économique entamée au milieu des années 70s ne parvint pas a se maintenir avec le développement démographique du pays. Le sous investissement dans l'éducation avait comme résultat une main-d'œuvre non qualifiée. Comme cela se produisit dans certains pays asiatiques, le secteur d'assemblage ne put se transformer en industrialisation. Le systeme éducatif a été abandonne au secteur prive et aux congrégations religieuses. En milieu rural le cas était presque perdu parce que le ratio professeur/élève était de 1 pour 60. Nous avons continue a importer deux fois ce que nous exportions. En 1985 le déficit budgétaire se chiffrait a 160 millions de dollars. Les remittances de la Diaspora permirent de maintenir des réserves de change, ce qui prévenait la plongée de la gourde. De 1981 a 1986 on estime que Jean Claude Duvalier et son entourage avait détourne l'équivalent du budget annuel du pays. En 1984 des émeutes de la faim ont éclate aux Gonaïves et les ministres d'Etat envoyés sur les lieux furent reçus par une populace affamée qui leur lança des jets de pierres. La présence des macoutes dans la ville ne leur inspirait aucune crainte. Habitues au marronnage politique, les haïtiens entamaient la lutte contre l'héritier du Duvaliérisme que représentait le JeanClaudisme. Entretemps, le Benettisme sous la houlette du beau père du président avait occupé un grand espace politique dans le pays. Le choc provoque par l'affrontement entre les différents clans de la dictature (l'arrière garde Duvaliériste, les Jean Claudistes et les nouveaux Bennettistes) commença a fissurer les murs de l'édifice. Le referendum organise par Roger Lafontant ne fit que confirmer l'impopularité grandissante du Jean Claudisme. Comme toujours et cela depuis 1915, les blancs américains très attentifs a ce qui se passe dans la maison de leur petit turbulent voisin, entamèrent la préparation de la transition. L'annonce du départ de Jean Claude Duvalier par Larry Speaks le 30 Janvier 1986 fut en réalité le dernier ultimatum lance par l'administration Reagan au fils de François Duvalier. Les manifestations de joie des haïtiens de la diaspora ce Vendredi matin étaient la preuve au monde de l'impopularité du régime. La répression qui s'en suivit au niveau national par les macoutes rendaient les violences de rue inévitables après la fuite du couple présidentiel au matin du 7 Février 1986.

1986-1987 Lesly Delatour

Le conseil national de gouvernement dirige par Henry Namphy nomma Lesly Delatour comme ministre des Finances en Mars 1986. On dit qu'il a été impose par le Fonds Monétaire International et la Banque Mondiale. A peine installe, il va entreprendre des reformes profondes dans l'économie haïtienne. Le modèle économique (ajustement structurel) impose par le Fonds partout dans le tiers monde repousse par les Duvaliéristes avec le limogeage de Marc Bazin en 1981, allait finalement être applique dans toute sa dimension. On peut dire que le plan de l'USAID dont nous avons mentionne plus haut allait être revu et corrige avec Leslie Delatour. Voici les trois points stratégiques de la reforme Delatour

A) Maintenir sans interruption un rythme annuel de croissance du PIB de 4.5% au moins.
B) Limiter la hausse des prix au maximum en Haïti ou du moins l'inflation que connaissent ses principaux partenaires commerciaux.

C) Réaliser durant la période 1986-1987, et après, chaque année et durant deux ans, un excédent global de la balance des paiements autour de 1.5% du PIB. (p201, Kawas François, La crise de l'Etat en Haïti de 1986 a 1990)

D'entrée de jeu le nouveau ministre attaqua le model de corruption utilise par les Duvaliéristes. Les monopoles accordes aux entreprises d'Etat furent révoques. Les comptes non fiscaux furent élimines. La réduction des dépenses de l'Etat devint une réalité. Une révision du code douanier consacra la baisse des tarifs sur certains produits. Pour compenser cette baisse de rentrées, le gouvernement des Etats Unis d'Amérique augmenta son aide de 54 millions a 180 millions. Tout un train de mesures était mis en place pour assurer la relance économique dans la période post Duvaliériste. Nous pouvons citer entre autres : la fermeture des usines sucrières de darbonne et De welsh a Limonade, la fermeture du centre hospitalier de Bon Repos, la fermeture de la Banque de Crédit Agricole (BCA) et de la Banque Nationale De Développement Agricole et Industrielle(BNDAI).

Le CNG avec Delatour continua la politique de zéro taxe a l'exportation afin d'encourager l'implantation de nouvelles industries de soustraitance dans le pays. Le gouvernement s'engagea a augmenter la capacité énergétique et l'amélioration des systèmes de télécommunication du pays. Le CNG donna la garantie aux potentiels investisseurs de tenir les syndicats en respect. Le ministre Delatour l'a dit a haute voix : les industries d'assemblage permettent la création d'emplois dont Haïti a tant besoin. Mais le mouvement syndicaliste s'implanta aussi très bien dans ce secteur et répondait au besoin des ouvriers quand c'était nécessaire. Dans tous les pays ou ce type d'industries fonctionnaient la docilité des travailleurs a été un prerequis. Par example, a l'arrivée des premières usines en Haïti au début des années 70s, le salaire minimum était d'environ $1 par jour. Vers la fin des années 1986, certains ouvriers gagnèrent jusqu'à $5 par jour. Mais une inflation galopante estimée a environ 20% au cours de la même période réduisit le pouvoir d'achat des ouvriers de ce secteur. Il faut mentionner aussi le manque de formation de nos syndicalistes et la tendance naturelle héritée du passe de l'haïtien a se révolter. Sous l'effet conjugue de tous ces facteurs, au cours de l'année 1987 seulement 14.000 jobs laissèrent Haïti pour d'autres cieux principalement la république Dominicaine.

La tenure de Leslie Delatour comme Ministre des Finances fut relativement courte. Mais sa politique économique eut l'effet d'une petite révolution. Son arrogance et sa désinvolture jetèrent l'huile sur le feu. Les milieux politique de gauche l'attaquèrent sans répit et lui attribuèrent l'image d'un soussou au service de l'impérialisme américain. En réalité Délatour avec sa tactique laissezfairiste n' arriva pas a démontrer clairement son plan économique. Il ne donna aucune explication économique convaincante pour la fermeture de l'entreprise nationale des légumes et oléagineux (ENAOL) , de l'usine sucrière de Darbonne. Dans un pays ou la sante publique est tant déficiente, aucune raison ne fut avancée pour la fermeture du centre hospitalier de Bon Repos. Aucune étude ne fut publiée pour prouver l'inefficacité et la mauvaise gestion de ces entreprises. Il ferma les yeux sur les produits de contrebande qui envahissaient le marche haïtien et la perte de revenue pour le fisc haïtien. Il ignora aussi l'effet de la contrebande sur l'augmentation du chômage dans la paysannerie parce que décourages par la concurrence déloyale, les habitants ne plantaient maintenant que pour satisfaire leur besoins personnels. Il consacra une augmentation de 11% dans le budget du ministère de l'éducation nationale, mais la campagne d'alphabétisation entreprise par l'église catholique devrait être financée aussi.

Les espoirs d'un décollage économique nés de la chute du Duvaliérisme commençaient a s'amincir. Les tentatives de reformes néolibéralismes avec l'installation d'un ''Chicago boy ''au ministère des finances ne produisit pas les résultats escomptes. Dans le court terme la baisse des prix profita aux consommateurs, mais dans le moyen terme, les jobs perdus ne pouvaient être remplaces et quand on se rappelle qu'en Haïti le travail représente un bien de luxe, on devine facilement l'image que Leslie Delatour a laisse a la postérité.

7 Février 1991-30 Septembre 1991

Gouvernement populiste et mesures économiques de droite

Une fois installe au palais national, Jean Bertrand Aristide se rendit a l'évidence que la réalité du pouvoir est différente de celle d'un activiste. Les premières mesures gouvernementales allaient a l'encontre du discours anticapitaliste du président. Le gouvernement avait accepte la réduction du nombre des employés publics de 8.000. Des mesures sévères ont été mises en place a la DGI et l'Administration générale des Douanes et de recettes records avaient été réalisées dans une courte période. De Février a Juin 1991, les dépenses mensuelles du gouvernement baissèrent de 32.9 millions a 17 millions de dollars. Le FMI attendait le nouveau gouvernement au pied du mur et après maintes hésitations, les lavalassiens s'assirent a la table de négociations. Un accord standby avait été signe portant sur des prêts et dons allant jusqu' a 500 millions de dollars.

1994 : L'échec de Smark Michel

L'opération de retour a la démocratie organisée par l'administration du président Clinton pour permettre le reinstatement de Jean Bertrand Aristide au pouvoir en Haïti permit au président américain de poursuivre avec son agenda Les américains avaient le contrôle de toute l'opération du début jusqu'à la fin. Le dechoukage de la dictature militaire de Raul Cendras aux yeux de la majorité de la population haïtienne et du monde paraissait comme une juste cause. Mais l'ancien cure de Saint Jean Bosco un ennemi jure du capitalisme qu'il appelle « un pèche mortel >> vivait maintenant avec le péché dans sa maison quotidiennement. On chuchotait dans les milieux diplomatiques de Washington qu'il avait signe un paquet de conditions secrètes avec les blancs en vue de faciliter son retour. La coexistence d'un président populiste avec un gouvernent d'orientation néolibéraliste ne pouvait survivre pendant longtemps. Les dogmes et slogans révolutionnaires devront s'incliner tôt ou tard face aux réalités du marche. Immédiatement après l'ascension de Smark Michel et la publication de son programme neoliberaliste, les fissures commencèrent a apparaitre dans la maison lavalassienne. La privatisation des entreprises d'Etat, vache a lait de tous les gouvernements haïtiens , était place a la tète des priorités du Fonds Monétaire International. De plus le programme d'ajustement structurel réclamait la réduction des dépenses et des subventions de l'Etat. Aristide et Préval avaient peur que ces décisions affectent leur popularité. Plusieurs organisations populaires réputées proche du pouvoir Lavalas organisaient des manifestations de rue contre la privatisation des entreprises d'Etat. Jean Bertrand Aristide et les personnes dans son immédiat entourage ne prirent la décision de ramener ces organisations a l'ordre. Les blancs ne furent pas dupes. Ils insistèrent pour le respect des papiers signes par Aristide en vue de faciliter son retour. Des infiltrations ont permis de faire le point sur le contenu de ces papiers :

A) Maintenir un climat de dialogue démocratique avec tous les secteurs politiques du pays.
B) Payer les arriérés dus au Fonds Monétaire International afin de faciliter d'autres prêts.
C) Des organisations non gouvernementales (ONG) implanteront de nouveaux projets dans le pays
D) Une politique monétaire pour contrôler l'inflation.
E) Privatisation des entreprises publiques(en tète de la liste la TELECO).

Comme cela arriva quelques années plus tôt avec le FNCD de Turnep Delle et de Kplim après les élections de 1990, Titid l'imprévisible semblait vouloir se débarrasser du chapeau légal emprunte a Washington. Des mois passèrent et le gouvernement semblait tourner en rond et gagner du temps. Aristide semblait vouloir plutôt négocier le reste de son terme au lieu du programme économique qu'il avait promis d'exécuter a son retour. Pris entre l'enclume et le marteau, le premier ministre Smark Michel démissionna. Les américains fermèrent la vanne de l'aide et comme toujours les autres pays donateurs prirent la même direction avec eux.

Démographie et croissance économique

Les anciennes théories macroéconomiques ont toujours considéré l'augmentation de la population comme un facteur important pour la croissance économique. Les théoriciens ne se sont pas tardés sur les origines de la croissance économique mais plutôt sur les moyens de la renforcer. Alfred Malthus, un des grands économistes du 19eme siècle avait prédit le mauvais effet d'un accroissement de la population sur la croissance . Base sur son modèle, pour échapper a la misère une population devait croitre au même rythme que les biens économiques.

Dans le cas d'Haïti, jusqu'a milieu du vingtième siècle, une sorte d'équilibre fut maintenue et qui a continue a nous permettre de survivre. En 30 ans la population Haïtienne a augmente a un rythme constant d'environ 2% tandis que l'économie a évolue en dents de scie avec des taux de croissance variant de 1 a 4%. Certains événements politiques tels que le coup d'Etat de 1991 agrémente par un embargo économique de 3 ans ont régresse la production nationale de 25%. Quand la communauté internationale a rétablit l'ordre institutionnel dans le pays, des solutions pour combler le déficit de production de 3 ans ne furent pas envisagees. Au contraire un conflit politique entraina la suspension de l'aide internationale. Entretemps l'accroissement de la population a continue mettant plus de pression sur les peu de ressources disponibles dans le pays. Certains économistes se font l'avocat d'une politique de réduction de la population. Dans les années 80s, on avait en Haïti des programmes radiotélévisés pour décourager le nombre de grossesses non désirées. Je pense que les responsables d'aujourd'hui doivent retourner a ces anciennes politiques visant la réduction des naissances.

Un model de croissance économique post 12 Janvier 2010

Investir simultanément dans les trois secteurs en commençant par le primaire

Dans les nombreux ouvrages consacres a Haïti que nous avons eu la chance de lire et dans les recherches menés sur le terrain , nous avons réalisé que les auteurs tendent a aborder l'économie haïtienne sur deux aspects : le secteur agricole et le secteur non agricole. Il est un fait que l'agriculture jusqu'aujourd'hui reste le secteur offrant le plus d'emplois en Haïti. Beaucoup d'économistes et de nombreuses institutions internationales se rendent compte que l'augmentation de la productivite agricole demeure encore une première étape vers le développement économique. Dans la conjoncture de l'après catastrophe, nous voulons offrir un model théorique de croissance économique durable. D'après Jeffrey Sachs le meilleur moyen pour parvenir a résoudre la pauvreté dans les pays pauvres est la construction d'un modèle de croissance de bas en haut. Etant donne le manque de donnees disponibles sur des variables tels que l'aide internationale et le montant exact des fuites causees par la corruption en Haïti, nous avons cree un simple modele lineair. Nous pensons que la conjoncture économique de l'après 12 janvier nécessite un tel plan. Nous laissons le soin aux cadres de l'administration publique haïtienne de développer le plan opérationnel dans le cas d'adoption d'un pareil model.

Court terme:

Assumons que la stabilité politique revienne avec l'élection d'un président et des représentants du people et que les désastres naturels nous épargnent.

Assumons aussi que les donateurs et les organisations internationales respectent leur engagement envers Haïti.

Nous envisageons d'utiliser l'aide financière de manière a produire un choc simultané sur les trois secteurs de l'économie

Secteur primaire: Reformer l'agriculture avec pour objectif l'augmentation de la productivite c'est a dire le rendement a l'hectare. Lancer un programme de reforestation et de protection du sol (une révolution verte). Les sous secteurs tels que la pèche, l' aviculture, l'élevage doivent être pris en compte dans la modernisation.

Secteur secondaire: Négocier avec les américains l'application des lois Hope. Ouverture d'une troisième zone industrielle dans le Département du centre.

Secteur tertiaire: Reconstruire tous les édifices publics disparus au cours du tremblement de terre. Le ramassage de tonnes de débris laisses sur le pave, l'établissement d'un plan cadastral de nos villes. Rendre le crédit plus accessible aux employés du secteur public et prive désirant reconstruire leurs maisons. Priorité sera accordée a ceux désirant reconstruire les écoles détruites.

Moyen Terme:
Secteur primaire

Une fois la productivite agricole augmentée, une quantité de cultivateurs seront laisses sur le pave. Ce surplus de main d'œuvre devrait être canalisé vers les deux autres secteurs de l'économie.

Secteur Secondaire

La décentralisation envisagée devrait permettre la création d'au moins 3 zones industrielles capable d'absorber une partie des sans emplois provenant de l'agriculture.

Secteur Tertiaire: Ce secteur devrait se substituer au primaire comme le grand pourvoyeur d'emplois. Les travaux de reconstruction commences dans le court terme devrait continuer surtout avec les nouvelles routes permettant le désenclavement du pays, favorisant ainsi l'essor du tourisme local. Une reforme du système éducatif permettant un plus grand nombre de gradues au niveau secondaire

Long Terme:

Secteur primaire: Les reformes éducatives entamées dans le court terme devrait permettre au secteur agricole de maintenir contact avec la modernisation en cours dans le monde. : Même si une autosuffisance alimentaire complète ne serait pas atteinte, la quantité d'importations alimentaires devrait baissée, permettant au secteur de retenir ce flots de devise laissant le pays. Les données économiques des dernières années prouvent que la hausse des prix du pétrole et des produits alimentaires représentent une menace permanente pour la croissance économique en Haïti. Le déficit de la balance de paiement sera réduit et la gourde sera beaucoup plus stable.

Secteur secondaire: Les reformes éducatives entamées dans le court terme devrait nous permettre d'entamer au moins la seconde phase de l' industrialisation.

Secteur tertiaire: Dans ce secteur l'avenir appartient au tourisme (local et international). La modernisation de nos capacités touristiques entamée dans le moyen terme devrait s'accélérer et nous permettre d'atteindre le niveau de certains de nos voisins caribéens.

Expression algébrique de notre model sectoriel

C= Croissance Economique
S1= Secteur primaire
S2=Secteur secondaire
S3=Secteur tertiaire
Court Terme: 1-2 ans
Moyen terme: 2-5ans
Long Terme: 5ans+
U= Un terme constant représentant le secteur primaire dans le long terme après que le développement économique eut été accompli.
K= un terme constant représentant stabilité politique , aide internationale et désastre naturelle
L= un constant representant la periode de decalage
Nous posons notre fonction de croissance de la manière suivante:

Court Term:
$$C= KL(s1+s2+s3) \ (1)$$

Nous assumons que notre équation demeure inchangée dans le court terme. Dans le long terme, notre fonction de croissance devient:

Long terme :
$$C= S1+KL(s2+s3) \ (2)$$

Chapitre VI

Plaidoyer pour une modification des choix budgétaires en Haïti.

Une gestion transparente et régulière des ressources budgétaires est un indicateur clé de la bonne gouvernance. Nous avons converse avec certains employés du secteur public sur le processus de prise de décision et les méthodes de gestion au sein de leurs départements. Dans certains cas, les résultats illustrent les réponses des employés du secteur public qui se sont identifiés comme étroitement associés à la gestion budgétaire et au processus de prise de décision.

Le degré de coordination entre l'agence ou le service concerné et le ministère des Finances a été évalué. De manière générale, il existe une forte conscience de la procédure de coordination budgétaire ; les fonctionnaires nous ont majoritairement indiqué qu'il y avait consultation entre le ministère des Finances et les autorités respectives. Des personnes impliquées dans la gestion budgétaire ont été d'accord pour dire que le processus budgétaire national repose sur une coordination étroite entre le ministère des

Finances et d'autres ministères. D'autres sont d'accord pour dire que les budgets des communes étaient déterminés par le ministère des Finances en accord avec les élus locaux. Certains employés ont admis qu'il y avait une « consultation étroite » entre le ministère des Finances et les responsables de « structures autonomes ». Certains hauts fonctionnaires avec des responsabilités budgétaires ont indiqué que des consultations avaient lieu entre le ministère des Finances et les autorités régulières

Parlant du processus de prise de décision dans leur propre agence, certains employés du secteur public ont indiqué que tout n'était pas clair.

Certains employés interrogés admettent que les décisions budgétaires ne sont jamais contrôlées par des structures internes ou externes, elles sont « rarement contrôlées » , Ce qui suggère une tendance à des audits relativement peu fréquents. Toutefois, la majorité des employés a précisé qu'un audit externe avait eu lieu au cours des trois années précédant l'étude parce que la mauvaise gestion et les influences externes affectent le processus budgétaire

En moyenne, près du quart des employés du secteur public impliqués dans le processus budgétaire ont pensé que les ressources budgétaires étaient souvent   toujours » mal gérées. Les employés ont été interrogés sur la fréquence de certaines malversations au cours des trois années précédant l'étude. L'irrégularité la plus souvent citée était les « pressions politiques » visant à influencer les décisions budgétaires : Certains fonctionnaires étaient d'accord pour dire que des « relations influentes » avaient affecté les décisions budgétaires, et d'autres pensaient que les décisions budgétaires avaient été influencées par des paiements illicites.

Le budget de l'exercice fiscal 2010-2011 publie par le ministère des finances prévoit des dépenses de 108 milliards de gourdes, ce qui constitue un record a déclaré le ministère des Finances. Cependant, le ministre n'a pas mentionné que le trésor public d'Haïti ne déboursera que 29 milliards de gourdes du montant total de ce Budget. Chaque année Haïti reçoit sous forme d'appui budgétaire des millions de dollars de certains pays. Quand un événement inespéré tel un catastrophe arrive, dans la majorité des cas l'Etat est oblige de quémander la charité sur le plan international. Pour sauvegarder la stabilité monétaire requise par le Fonds Monétaire International, la planche a billets de la Banque Centrale ne peut rien faire pour le gouvernement. Nous avons pris le Budget 2009-2010 comme model pour suggérer des propositions de réallocation des dépenses de l'Etat hattien. Nous avons trouve certaines dépenses non productives. Elles pourraient être allouées a d'autres secteurs plus importants pour notre pauvre économie. Nous allons essayer de les comptabiliser afin d'avoir une idée exacte du montant de gourdes qu'on pourrait replacer.

Ministère du plan : CTPEA	38.947.750
Ministère des Finances :ENAF	47.418.937
Ministère du Tourisme :Ecole Hôtelière	7.856.710
Ministère de l'environnement	634.387.064
Ministère de la justice :Ecole de la magistrature	33.000.000
Ministère des haïtiens vivant a l'étranger	54.263.957
Bureau de la présidence :	
Centre de formation des agents	
de la fonction publique :	10.760.800
Bureau de gestion des militaires démobilises :	15.135.061
Ministère a la cond féminine :	111.707.762
Total :	**953.478.041**

Nous avons mené une enquête a travers Port au Prince et nous avons réalisé que ce pays a besoin d'un nouveau plan cadastral. Les constructions anarchiques entreprises durant le 25 dernières années ne paient pas d'impôt locatif a l'administration générale des contributions. Dans le tableau des recettes courantes nous avons mentionne que les impôts locatifs collectes par la DGI représentent 0.94% du montant total. Doubler ce pourcentage augmenterait le montant des recettes courantes.

Nous pensons aussi que l'établissement de tolls a l'entrée ou a la sortie des 9 départements géographiques du pays pourrait permettre l'accumulation des fonds pour l'entretien des routes .

Déficit Budgétaires.

Les déficits budgétaires sont les premiers facteurs d'instabilité macro économique. La conséquence immédiate est une augmentation de l'inflation, un déséquilibre dans la balance des paiements et la fuite des capitaux. La dernière fois qu'Haïti connut un surplus budgétaire remonte a l'année 1968. Généralement les gouvernements haïtiens financent les déficits par tirage sur la banque centrale entrainant des accumulations d'arrières. L'utilisation excessive de la planche a billets n'entraine que la hausse de l'inflation parce que ne correspondant pas a aucune augmentation de la production nationale. Le résultat est que durant les trois dernières décennies l'inflation a connu une augmentation exponentielle en Haïti. La baisse du pouvoir d'achat est si profonde que même au niveau de la classe moyenne, la tendance est au découragement conduisant même a l'expatriation de nombreux individus.

Gestion des appel d'offres

La façon dont les institutions du secteur public gèrent les appels d'offre, les marchés et les acquisitions est un aspect important qui fournit une indication du niveau d'efficacité et de transparence. Les informations obtenues au cours des entretiens avec des employés du secteur public ont montré que les règles en matière de marchés publics n'étaient pas suffisamment claires ni suffisamment centralisées. Moins de la moitié des employés interrogés pensaient que les réglementations sur les marchés publics étaient « souvent » ou « toujours » formalisées et écrites. Elles ont indiqué qu'elles étaient « souvent » écrites et elles étaient « toujours » formalisées, ce qui montre que la majorité des employés ne savaient pas qu'elles étaient formalisées ou pensaient que cela était peu fréquent. Illustrant cette évaluation, moins de la majorité des employés étaient d'accord pour dire que le « processus de prise de décision pour les marchés publics était trop centralisé

Néanmoins, en dépit d'une confusion apparente sur les règles en matière de marchés publics, une grande majorité de fonctionnaires ont indiqué qu'il y avait relativement peu de malversations lors de l'attribution des marchés publics. Seulement un nombre restreint des répondants ont signalé que les contrats de marchés publics dépendaient du paiement de pots-de-vin ; certains ont confie qu'en moyenne un pot-de-vin représente environ 0,9% a 10% du montant total du marché. Cela ne faisait « jamais » ou que « rarement » exception en cas de soumission publique.

. que les plans acceptes sont ceux des bureaucrates des organisations étrangères. Je pense que dans le futur le ministère du plan devra envisager a orienter les donneurs dans les milieux ruraux. A ce niveau aussi, une décentralisation de l'assistance internationale de la république de Port au Prince vers le pays en dehors doit être considéré.

Reformer le secteur public en Haïti en général

L'administration publique en Haïti est une autre cause du retard et de la pauvreté dans le pays. Historiquement les membres de l'administration publique haïtienne sont soumis au régime en place. Malgré l'apparition d'école et d'universités spécialisées dans la formation de nos cadres, les résultats ne se sont pas manifestes dans la réalité. Une administration efficace est nécessaire pour l'accomplissement des objectifs de croissance économique. Les performances de la fonction publique en termes de qualifies et des services fournis seront détermines par les procédures qui régissent les activités des fonctionnaires. La répartition du budget en fonction des priorités représente l'un des premières conditions a remplir par les leaders de l'administration. Les mécanismes de recrutement, de promotion, et de supervision constituent les autres piliers importants pour une bonne administration. Le manque de respect des procédures favorise la bureaucratie et facilite le terrain pour la corruption. L'absence de résultats au niveau de l'administration publique haïtienne a conduit nos partenaires étrangers a envahir le pays avec des organisations non gouvernementales. C'est la compétence même des décideurs qui est remise en cause par certains organismes étrangers. Il m'est parvenu un document sur le délai pour établir un commerce au niveau la caraïbe dans lequel Haïti est classée dernière en ce qui a trait au critère temps. Le papier a prouve que les papiers de base pour ouvrir une affaire en Haïti peuvent passer des mois dans les tiroirs du ministère du commerce. La réduction de la pauvreté en Haïti ne peut se faire sans une administration efficace. L'accès a des services publics de qualité est un élément clé dans l'amélioration de la condition de vie des pauvres. La corruption n'est pas de la dernière pluie dans l'administration en Haiti,mais au cours des dernières décennies elle a atteint des proportions alarmantes. La crédibilité des fonctionnaires parait si bas aux yeux des utilisateurs que ces derniers ne croient plus dans le système. Remarquons que les institutions ou l'argent n'est pas collecte représentent les plus crédibles pour la population. Par example, les institutions économiques et statistiques, les medias gouvernementaux jouissent d'une bonne réputation au sein de la population. Bien que parfois dans ces administrations un problème de chèques zombis continue d'affecter le budget affecte a ces institutions. Dans certaines organisations de l'Etat la dépendance au pouvoir politique empêche au respect des normes et des procédures. Au temps des Duvaliéristes, seuls les macoutes avaient le droit au recrutement et a la promotion. Pendant les années Lavalassiennes, avoir été une victime du Duvaliérisme constituait une solide référence pour être employé dans l'Etat. Aussi, être un militant capable de mobiliser des foules pour des manifestations progouvernementales semblait présenter jusqu'a récemment un plus dans le curriculum pour être recruté. Les salaires constituent un autre handicap dans la bonne marche de l'administration publique en Haïti. Dans certaines institutions il n'existe pas une grille de salaire ou quand elle existe, les preneurs de décisions ne la prennent pas sans considération. C'est pourquoi on retrouve de nombreux individus recherchant le cumul d'emplois. Dans certains pays c'est carrément interdit. De plus un système de mérite doit être mis en place au niveau de l'administration en générale. Quand cela n'existe pas, c'est le découragement général des employés et le niveau des performances est affecte. L'importance de l'administration publique est d'autant plus cruciale que c'est le plus grand employeur en Haïti. Malgré des tentatives de modernisation, le secteur prive haïtien arrive difficilement a remplir son devoir. Un développement économique passe nécessairement par l'amélioration de la gestion de l'administration publique haïtienne.

Grandes lignes pour augmenter les recettes de l'Etat haïtien

Dans les plans économiques que j'ai lus sur Haïti après le 12 Janvier, certains n'ont même pas aborde l'aspect financier du problème . De nombreux papiers ont été écrits sur les moyens envisages de sortir le pays de ce trou. A cote d'un model sectoriel de développement économique, nous avons envisage les grandes lignes d'un plan de financement. La capacité de l'Etat haïtien a rembourser ses dettes met une sérieuse hypothèque sur l'utilisation d'un outil financier comme les bonds pour financer la reconstruction. Déjà dans les années 60s, l'Etat haïtien n'avait jamais honore les dettes contractées sur les bonds de la rénovation nationale issue par le ministère des Finances de l'époque. Certains envisagent l'ouverture d'une banque de reconstruction nationale, mais ils ne donnent aucune précision quant a l'origine des capitaux pour monter cette banque. De nombreux pays qui avaient rempli le panier d'aide au cours de la réunion de New York semblent oublier leurs promesses. Le retard observe par les dirigeants haïtiens dans l'élection de nouveaux représentants du peuple apparait comme le prétexte pour certains pays de se dérober de leur engagement.

Nous avons identifie les principales sources de revenue de l'Etat haïtien:
L'Administration Générale des Douanes

L'administration Générale des Contributions
Les dons des gouvernements étrangers
Les dons des organisations internationales
Les prêts a taux très bas de certains gouvernements étrangers.
Les prêts a taux très bas des institutions bancaires internationales
La planche a billets de la Banque Centrale.
Dans le dernier budget(2010-2011), le pourcentage de l'apport international a augmente et représente maintenant 60% du budget. Pour être viable, Haïti doit envisager d'autres sources pour injecter de l'argent dans la machine économique.

Une reforme fiscale:
Administration Générale des Douanes:

Remanier le code Douanier en augmentant la taxe sur les produits de luxe et non essentiels pour la consommation.

Moderniser les structures de perception a l'AGD de façon a réduire les fuites d'argent a travers la contrebande et la sous taxation.

Resserrer le contrôle douanier a l'entrée de nos ports principalement aux postes frontaliers avec la République Dominicaine. Les zones de libre échange seront respectées

Administration Générale des contributions:

Etablir un plan cadastral permettant d'identifier toutes les nouvelles constructions des tarentes dernières années et collecter l'impôt locatif nécessaire. Une surtaxe devrait affecter les quartiers réputes tranquilles.

Etablir une taxe temporaire (2 --5 ans) a la sortie de l'Aéroport (entre $5 et $10 dépendant du pays de destination).Tenant compte des expériences du passe la perception devrait être faite par les lignes aérienne et remise a l'"APN pour être déposé dans un compte Spécial a la Banque de la République d'Haïti au nom du trésor et budgété dans la rubrique rentrées diverses.

Etablir une taxe a l'entrée de nos principales villes de provinces: Cap (barrière bouteille) Cayes(quatre chemins). Les montants collectes par un percepteur de la DGI devrait être déposé dans un compte a la BRH au nom du trésor et budgété dans la rubrique rentrées diverses.

Ouverture d'une loterie nationale bi mensuelle de reconstruction copiée sur l'ancienne loterie de Peligre.

Cette fois ci les profits provenant de cette loterie seront places sur un compte du trésor et budgété dans la rubrique rentrées diverses.

L'OAVCT pourrait augmenter l'assurance sur les voitures de luxe et sur les voitures neuves. Pour une période temporaire (2 a 5 ans). Le surplus d'argent devait être canalisé vers le trésor public et comptabilise dans la rubrique rentrées diverses.

Chapitre VII

L'hécatombe du 12 Janvier 2010 ou la descente aux enfers.

Les habitants de la ville de Port-au –Prince vaquaient a leurs occupations quotidiennes en ce Mardi 12 Janvier 2010. Sur le plan politique une tension régnait encore dans le pays due aux fraudes réalisées lors des dernières élections par le gouvernement pour faire élire ses membres au parlement haïtien. Les radios venaient d'annoncer l'assassinat en pleine rue d'un professeur d'université et un groupe d'étudiants avaient déjà gagne les rues .Quelques minutes avant le coup de 17 heures, la terre a commencé a tremble. Les témoins oculaires racontent qu'âpres les secondes du choc, il ny avait que des décombres et des cadavres partout ou l'on passait dans la ville. La poussière provoquée par la chute des édifices détruits remplissait le ciel de la ville. Des cris de douleur des personnes ensevelies pourraient être entendus a longue distance. L'incapacité de l'Etat a faire face a ses responsabilités dans un pays pauvre comme Haïti était entrain d'être prouvée. La ville de Port au –Prince ne bénéficie pas des services d'un département de sapeurs pompiers. La police nationale ne dispose pas d'unités pour ces genres de circonstances. D'ailleurs le quartier général de la police et de nombreux commissariats s'étaient effondres sous le choc. Les habitants des principaux quartiers s'organisaient pour sauver les survivants. Certains sauveteurs firent preuve d'héroïsme, parce que sans équipement, ils soulevaient des pans de mur et de la ferraille avec les mains nues. Mentionnons que les constructions en Haïti sont faites en bétons (mélange de fer, ciment, sable et de l'eau). De plus en Haïti, il n'existe pas de codes de construction. Les maisons sont construites selon le désir et la fantaisie des propriétaires. Déjà avant ce tremblement de terre, l'écroulement de maisons soit en construction soit achève était monnaie courante en Haïti. La nuit s'approchait tout doucement et le spectacle de désolation s'aggravait de plus en plus. Plus moyen de circuler parce que seulement les projecteurs de quelques rares motoristes éclairaient la ville. De nombreux hôpitaux et cliniques de la ville s'étaient effondres. Donc pas d'endroit pour transporter les blesses qui mouraient tranquillement a la belle étoile.

Aucune nouvelle des dirigeants du pays, pas même du président de la république qu'on pensait sous les décombres du palais national. La nuit battait son plein sur Port au prince et un silence de tombeau régnait dans le quartiers de la ville parce que fatigues et dans l'obscurité, les sauveteurs improvises se reposaient un instant en attendant le lendemain.

Le bilan Social

Environ 1 million de personnes soit 10% de la population haïtienne ont été affectées de manière directe ou indirecte.

Le nombre de morts d'après les dernières estimations est de 225.000. Prés de 300.000 cas de blessures allant d'extrêmement grave a des égratignures ont été traites. Prés de 800.000 individus résidents dans des abris de fortune incapables de résister a la moindre alerte. A cause de la destruction de nombreux édifices publics, certains services fonctionnent dans des endroits réaménagés , ce qui affecte la qualité de la production. La sécurité dans les camps de fortune est très précaire. Les cas de viol et d'abus sexuels sont quotidiennement dénoncés par les victimes dans la presse nationale. Environ 40.000 prisonniers se sont évadés du système pénitentiaire. L'APENA n'a pas donne aucune sérieuse explication sur les causes de ces évasions.

Le bilan économique

a) Infrastructure.

Les dégâts ont été considérables. Prés de 200.000 maisons ont été endommagées et 105.000 détruites complètement. 1300 centres scolaires a tous les niveaux et 50 hôpitaux sont détruits. Le palais présidentiel, le palais de justice, le palais des ministères, le quartier général de la police, des dizaines de commissariats ont été détruits. 70 kilomètres de routes ont été gravement endommagées incluant certaines voies très utilisées.

b) Environnement.

L'impact de ce désastre va durer longtemps encore sur l'environnement haïtien. La pollution et les épidémies constitueront une menace pour Haïti dans les années a venir. Environ 40 mètres cubes de débris jonchent les rues de Port au prince.

c) Secteur industriel

Les modèles de bâtiments industriels existant en Haïti n'étaient pas construits avec des techniques para sismiques.

153

La plupart d'entre eux n'ont pas résisté au choc du violent tremblement de terre.

Tableau des pertes par secteur

		Damages(en millions de dollars		Losses en millions de Dollars	
		Publique	Prive	Publique	Prive
Agriculture		25.49	0.41	3	3
Industrie		O	223.3	0	981.5
Services		0	22.89	0	19.49

d) Pertes d'emplois

Le tremblement de terre du 12 Janvier a cause la perte de nombreux emplois dans le pays. La suspension de certaines activités a cause des dégâts matériels et a oblige de nombreuses personnes a rester a la maison. L'interruption des activités financières a oblige de nombreuses petites entreprises a fermer leurs portes. Le commerce informel a été affecte spécialement par la mort de milliers de marchands et marchandes dans le centre ville de Port au Prince. Le taux du chômage en Haïti est officiellement de 65% de la population en âge de travailler. Ces chiffres cachent la vérité sur le sous-emploi dans le secteur informel et les mauvaises conditions de certains jobs ou les gens gagnent des salaires de misères. Il n'existe pas un bureau d'emplois dans chaque département du pays et même l'Institut haïtien de Statistiques est oblige de faire des estimations et des projections pour donner des chiffres sur l'emploi dans le pays. Dans ces conditions avancer le chiffre de 75% pour le vrai taux de chômage en Haïti sonne très raisonnable.

Tableau des pertes occasionnées par secteurs le
1/12/`10

Thème	Damages			Pertes		
	Publique	Prive	Total	Publique	Prive	Total
Environnement	3	0	**3**	321.4	1,750	**496.4**
Secteur social	153.8	805.4	**959.4**	197.8	355.6	**553.3**
Eau	20.9	13.1	**34**	8.4	q193	**201.4**
Sante	94.7	101.7	**196.4**	187.7	86.1	**273.7**
Education	38.2	395.6	**434**	1.7	41.5	**43.2**
Aliments et nutrition		295	**295**		35	
Infrastructure	628.1	2,538.60	**3,166.70**	774.2	520.6	**1,294.80**
Habitat		2,333.20	**2,333.20**	459.4	279.3	**738.7**
Transport	188.5	118.6	**307.1**	91.6	197.5	**289.1**
Télécommunication	66	28	**94**	24	22	**46**
Energie	20.8		**20.8**	37.23		**37.23**
Urbanisme	352.8	58.8	**411.6**	162	21.8	**183.8**
Secteur/production	3.1	394	**397.1**		933.3	**933.3**
Agriculture	3.1	49.9	**53**		96	**96**
Industrie		74.6	**74.6**		267.7	**267.7**
Commerce		148.7	**148.7**		490.6	**490.6**
Banque/Finance		98.2	**98.2**			
Tourisme		22.6	**22.6**		79	**79**
Total	781.8	3,738	**4,526.20**	1,293.40	1,984.50	**3,277.80**

Source: Haïti PNDA 2010

Que peut le comite intérimaire de reconstruction nationale ?

Apres le choc du 12Janvier 2010, le monde est accouru pour aider Haïti. Les officiels haïtiens ont été invites a participer a de multiples rencontres en vue d'évaluer les besoins du pays après cette catastrophe. Le 31 Mars a New York au cours d'une réunion avec de nombreux pays décider a aider les haïtiens une enveloppe d'environ 3 milliard de dollars avait été promise. Un comite comprenant haitiens et étrangers est charge de diriger temporairement la reconstruction. Les medias haïtiens en général sont très critiques vis avis de ce comite. Compare avec les besoins réels que le PNDA a estime, les funds de reconstruction de la CIRH ne peuvent arriver qu'a entamer quelques travaux. Nous vous offrons le tableau des besoins par secteur estime en millions de dollars par le PNDA sur une période de trois ans.

Column1	Column2	Column3	Column4
Résume des Besoins du pays par secteur	18 Mois	3 Ans	0-3 Ans
Total (millions de dollars)	**3,086.10**	**7,627.20**	**12.190.9**
Gouvernance	**329.3**	**374.3**	**215**
Justice et Sécurité	215.5	200	455.5
Reformes Démocratiques	35.2		75.5
Services public	123.6	15	387.6
Développement Régional			
Développement Régional	46	118	64
Conflit de terres	54	100	154
Décentralisation	92	315	407
Environnent			
Ministère de l'environnent	15	12.5	30.5
Gestion des ressources terriennes	58.5	380.8	449.3
Pollution	221.9	472.9	737.9
Gestion des désastres	50	126.5	180.5
Secteurs Sociaux	**1,547**	**3,928.90**	**6,376.30**
Santé	500	708	1,491
Education	465.4	1,685.10	2,599.80
Protection alimentaire	299.1	399.5	719.6
Eau et santé	199.2	776.9	1071.5
Sport et plaisir	22.8	258.5	292.7
Culture	60.5	100.9	201.7
Infrastructure	**417.4**	**1,295.10**	**1837.5**
Propriété	149.8	505	660
Infrastructure urbaine	68	96.6	165.3
Transport	118.8	448	596.6
Energie	71.8	192.2	347.3

Télécommunication	9	53.3	68.3
Secteur de la Production	**108.3**	**204.5**	**342.4**
Agriculture et pèche	13.7	20.5	41.1
Tourisme	16.2	25.7	43.6
Commerce et Industrie	75.8	151.7	233.6
Emploient	2.6	6.6	24.1
Transversal	**101.7**	**458**	**607.8**
Jeunesse	93	440	578
Gendre	8.4	16.9	28.1
Personnes âgées	0.3	0.6	1.1
Gestion de l'information	0		

Pour une nouvelle approche de la politique de logements sociaux

La superficie de l'etat d'Haïti est de 27.750 kilomètres carre. Les dernières estimations de l'Institut Haïtien de Statistiques en 2010 projettent la population haïtienne a 10.040.000 habitants, ce qui représente une densité de 362 personnes par kilomètres carre. La topographie du pays est faite de 60% de montagnes arides et parfois rocailleuses. L'espace cultivable du pays est réduit annéee âpres année a cause de l'effet négatif de l'érosion et des méthodes de plantations. Tous les éléments cites plus haut nous placent en face d'une situation ou il faut changer notre approche dans la construction de maisons pour la distribution gratuite.

Construction d'abris provisoires

Le département responsable de la construction de logements sociaux pourrait commencer la construction de maisons a large espace ayant la capacité d'accueillir les personnes sinistrées de façon temporaire. Le nombre de chambres seraient allouées selon la quantité de personnes dans la famille.

Par exemple des abris provisoires < Shelters> comme on les dénomme a New York pouvant accueillir une famille de 2 a 5 personnes seraient construits dans des zones spécifiques. Les familles comprenant plus de 5 personnes seraient logées dans des endroits précis. Des lits seraient places a l'intérieur de ces maisons pour accueillir les familles par le nombre de personnes. Une fois leurs conditions économique améliorées, ces familles devront laisser ces maisons a d'autres vivant dans des conditions moins favorables.

Construction d' appartements pour etre mis en location selon le niveau de revenu par famille.

Les logements sociaux ne doivent pas être nécessairement des dons ou des cadeaux de l'Etat. Vu la conjoncture financière difficile dans laquelle l'Etat haïtien se trouve, des maisons pourraient être construites et placées en location a des prix modiques. Les rentrées pourraient servir a l'entretien de ces maisons. L'octroi de ces maisons serait base sur le revenu annuel gagne par la famille. Une inspection annuelle afin de monitorer tout changement de revenu par famille serait faite. Les familles dont les revenus dépasseraient le niveau autorise devront aller dans le prive ou construire leur propre maison. La construction de ces logements ne devrait pas se concentrer dans la ville de Port-au –Prince déjà surpeuplée. La décentralisation vers les villes avoisinantes telles que Leogane, Croix des Bouquets, Grossier serait un plus.

Nous avançons les idées de base et nous pensons que les techniciens du département de logements en Haïti peut construire un plan opérationnel afin de résoudre au plus vite la crise d'habitats résultant de l'hécatombe du 12 Janvier 2010.

Que ce palace "collapse"!

Symbole de la centralisation politique et administrative du pays depuis plus d'un siècle.

Centre de toutes les décisions affectant l'Etat.

A la fois résidence de certains présidents, caserne militaire, et bureau administratif.

Parfois il a servi de prison et de tribunaux pour les prisonniers politiques dont certains y ont passe leurs derniers moments.

Que la reconstruction de ce palace représente un nouveau départ pour le pays !

Chapitre VIII

La Charité Internationale peut-elle sauver Haïti ?

Durant sa visite en Haïti Franklin Delano Roosevelt demanda a un auditoire selecte d'haïtiens : Comment voudriez vous que les Etats Unis D'Amérique aident Haïti ? La réponse fut unanime : terminez l'occupation militaire du pays. L'Etat d'Haïti est ne dans la violence, seule alternative que nécessitaient les conditions inhumaines d'exploitation des esclaves a cette époque. Nos pères ont été les avant gardistes de la lutte contre l'esclavage de l'homme noir par l'homme blanc a des fins économiques. Cette tendance a l'héroïsme militaire se transféra dans tous les domaines de la vie du pays. Le clan des nationalistes représentes par Joseph Jolibois Fils et Stenio Vincent eurent gain de cause sur les collaborationnistes parmi lesquels on comptait Sudre Dartiguenave et Louis Borno. Les deux ont occupes la présidence du pays sans parvenir a amener les américains a nous aider dans notre développement économique.

Des années après le départ des américains soit en 1941, l'assistance internationale commença a s'intéresser du cas haïtien. Une banque import-export fut crée avec pour mission de promouvoir la plantation du caoutchouc en Haïti. Des plantations entières furent rasées dans le Nord Est du pays et l'échec massif que connut cette initiative se fait encore ressentir du pays parce que les terres sont restées irrécupérables. De 1944 a 1947, la fondation interaméricaine d'éducation et de développement rural essaya d'apporter une aide a Haïti. Des écoles techniques d'agriculture furent crées un peu partout a travers le pays. Dans les années suivantes jusqu'aux environs de 1969 , la Banque mondiale et l'Unicef ont accorde des prêts a Haïti totalisant 10.5 millions de dollars. Durant les décennies 50 a 70 ,Haïti reçût un average de 4 millions de dollars annuel de sources internationales diverses. Avec l'arrivée au pouvoir de François Duvalier les relations économiques avec le grand voisin du Nord prirent une mauvaise tournure. A un certain moment l'aide internationale fut carrément bloquée comme moyen pour obtenir des concessions politiques du président haïtien. Apres la mort du dictateur, les américains refont surface et Clinton Knox, l'ambassadeur américain accrédite en Haïti prit une part active dans la bataille pour la succession du trône duvaliériste. Immédiatement après l'ascension de Bébé Duvalier au pouvoir, les américains ont rouvert la manne des billets verts sur Port-au Prince. Sans devenir massive, l'aide s'accrut de façon substantielle durant les deux premières années de fiston Duvalier au pouvoir. A la fin de 1973,la banque mondiale évaluait l'assistance internationale a Haïti a $ 15.85 per capita. Les canadiens délièrent leur bourses aussi au régime Duvalier. Leur aide fut beaucoup plus technique. A travers l'ACDI(Agence Canadienne pour le développement international) des programmes de formation de cadres ont été entamés. Spécialement a la faculté d'agronomie et de médecine vétérinaire et a l'Institut National d'Administration de Gestion et des Hautes Etudes Internationales (INAGHEI), la présence des canadiens se fit sentir. Les canadiens ont implanté un modèle de développement intègre dans la région Sud du pays. Connut sous le nom de DRIPP, ce projet essaya de produire une croissance économique dans la région qui rejaillirait sur d'autres endroits du pays pris dans la trappe de la pauvreté. Depuis le gouvernement de Dumarsais Estime au cours duquel Haïti connut un boom économique, la période 75-80 sous le gouvernement de Jean Claude Duvalier est la seule comparable en termes de succès économique dans le pays. En 1981, après avoir signe un traite permettant aux navires des gardes cotes américaines d'intercepter en Haute mer les haïtiens tentant de gagner la Floride, les Américains augmentèrent l'aide de 11.5 millions de dollars. Apres le départ de Jean-Claude Duvalier en Février 1986, les américains rouvrirent la manne. Cette fois ci Leslie Délatour représenta le collatéral de l'aide américaine a Haïti. Apres l'installation de Leslie Délatour au ministère des Finances, le Conseil National de gouvernement reçut une enveloppe de $55 millions de dollars.

Comme on peut le comprendre, notre pays n'a jamais été privilégie par l'assistance du grand voisin du Nord. Compare a d'autres pays de l'Amérique Latine et a Santo Domingo, l'aide internationale représente une pitance. L'explication fournie par certains économistes de la banque mondiale relate de la capacité limitée d'Haïti a absorber l'aide. Le manque de personnels qualifies pour la préparation des projets a présenter constitue un grand handicap pour Haïti. De plus, la plupart des projets finances par les organismes internationaux réclament une contrepartie qu'Haïti arrive difficilement a fournir.

Tableau de l'Assistance internationale a Haïti
de 1970 a 1984

	1970	1977	1980	1982	1984
Agence d'aide multilatérales					
Banque Interaméricaine de développement	1.1	20.3	17.9	18.1	18.9
Banque Mondiale		17.6	15.5	27.9	24
Fond des Nations Unies pour le développement	0.1		0.9	1.9	2.5
Fond des Nations Unies pour la population	0.3	1.3	0.6	0.9	0.6
Fond des Nations Unies pour le développement		2	5.3	4.3	3.4
Organisation mondiale de la sante		1.1	2.1	1.1	1.4
Fund des Nations Unies pour l Enfance		2	0.4	0.7	2.3
Organisation de l'agriculture et de l'alimentation.		0.2	0.1	2.4	1.4
Organisation des Etats américains		0.5	0.5	1	2
Communauté économique européenne				0.4	2
Other		1.4	1.2	2.9	1.2
Subtotal	1.5	46.4	44.5	61.6	60.7
Agences Bilatérales					
USAID	0.6	6.9	9.5	17	26.4
Germany	0.2	2.7	6.1	1.6	10
France		4	4.6	8.4	4.1
Canada	1.6	4.3	7.5	8.3	4.7
China		0.4	1.6	1.6	2
Japan				5.4	9.8
Other			0.4	0.6	
Subtotal	2.4	18.3	29.7	52.9	57
Food					
Program Alimentaire Mondiale		1.6	2.6	2.7	3.9
USAID 1		5.2	9	13	13.8
USAID 2	1	4	8.5	8.5	8.3
Subtotal	1	10.8	20.1	24.2	26
Total	4.9	75.5	94.3	138.7	143.7

Source: Banque Mondiale (1985)

Assistance internationale et ingérence politique en Haïti.

Il y a rien de nouveau sous le soleil dit un vieil adage. Depuis le début de l'ascension de Etats Unis d'Amérique comme une puissance mondiale, leur diplomatie n'a pas beaucoup change : la carotte et le bâton. Du temps de la guerre froide et le régime communiste de Fidel Castro, Haïti avait une importance stratégique vitale pour les américains qui ont toujours craint une expansion de cette idéologie a travers cette grappe d'iles que constitue la Caraïbe. C'est dans ce contexte d'analyse qu'il faut placer l'aide étrangère qui a coule a flots du temps de Bébé Duvalier. Mais quand ils ont réalisé que le régime Jean claudiste se trouvait dans une impasse politique et qu'une grogne populaire allait grandissante dans le pays, des pressions furent exercées pour demander a Jean Claude Duvalier de partir. De plus, l'arrivée des boat people sur les cotes floridiennes en plus grand nombre commença a inquiéter les milieux conservateurs américains. Il faut rappeler que les haïtiens sont noirs et qu'ils ont un passe de révolutionnaires anti esclavagistes.

Historiquement, les américains ont toujours considéré la présence de cet Etat négre en dépit de notre petitesse comme une nuisance dans leur sphère d'influence. Les relations entre les deux nations sont émaillées de diverses périodes de tensions. Les 19 ans d'occupation militaire n'ont fait qu'approfondir le fosse de classes et de races en Haïti. Les Etats Unis a chaque moment de tensions n'hésitent pas a appliquer le gros bâton pour obtenir des résultats. De woodrow wilson a Bébé Bush tous les présidents qui se sont succèdes a la maison blanche ont eu d'une manière ou d'une autre une affaire a régler avec ce petit pays négre. Aujourd'hui ils sont devenus la seule superpuissance du monde, leur sphère d'influence a augmente. Ils ont étendu leur contrôle sur presque toutes les organisations internationales. La direction que prend l'assistance internationale a Haïti est fonction du vecteur américain.

Le vice président américain Dan Quale arriva en Haïti a l'automne de 1990 pour parler aux militaires haïtiens et les forcer a organiser les élections. Le général Herard Abraham, un employé dit-on de la grande agence obtempère. Le 16

Décembre 1990, les élections propulsent l'extrême gauche au pouvoir en Haïti. Jean Bertrand Aristide, prêtre de formation, politiciens de circonstances et anti capitaliste déclaré prête serment le 7 Février 1990 au palais national de Port au Prince. Parmi les invites un nombre infini de paysans, et une grande quantité de mendiants de rue connus de la place dont Antoine (un aveugle). Durant la cérémonie, il remercie et congédie les généraux responsables de sa sécurité personnelle. Comme l'avait prédit Alvins Adams, ambassadeur américain en Haïti : après la fête les tambours deviennent lourds a transporter. Apres les émotions de la victoire et de la célébration, il fallait mettre les pieds sur terre et regarder la réalité de la pauvreté haïtienne en face. Le gouvernement mis en place par Aristide ne put élaborer un programme économique crédible de façon a attirer ni l'aide ni les investisseurs internationaux. Dans la confusion et les divisions politiques au sein de cette prétendue gauche au pouvoir, les tanks et les mitraillettes de Raul Cedras eurent gain de cause le 30 Septembre 1991.

L'aide internationale fut suspendue immédiatement et sur la demande de Jean Bertrand Aristide un embargo commercial et militaire a été impose a la junte militaire au pouvoir en Haiti.Pendant trois ans l'embargo réduit la production intérieure brute du pays a prés de la moitie. Tandis que les deux anciens amis Raul Cedras et Jean Bertrand Aristide restèrent sur leurs positions, les sanctions économiques détruisirent cette pauvre économie : 140.000 jobs dans le secteur prive étaient perdus a jamais.

15 Octobre 1994 : Deuxième intervention militaire Américaine en Haïti,

A partir de sa résidence temporaire a Washington D.C, Jean Bertrand Aristide monta une véritable machine pour lutter pour son retour en Haïti. Il parvint a convaincre des démocrates et des leaders noirs très influents en faveur d'une invasion pour chasser Cedras du pouvoir. Deux ans avant les élections , Bill Clinton inscrivit le cas haïtien dans son agenda politique. Les votes des noirs compteront beaucoup dans la soirée électorale. De plus certains analystes n'écartent pas la thèse des raisons humanitaires qui ont amené le président a envoyer les marines en Haïti. Malgré l'opposition formelle de la CIA, l'invasion eut lieu et Aristide fut restore au pouvoir. Immédiatement, l'aide fut restaurée en Décembre 1994. Comme il le fit en Décembre 1990 avec le Front National pour le Changement et la Démocratie, Aristide tourna sa casaque contre Washington en ce qui a trait aux reformes économiques. Il renvoya les Forces armées d'Haïti mais cependant il mit ses pieds sur le frein pour empêcher la privatisation des entreprises publiques réclamées par Washington en contre partie de son réinsertion au pouvoir. Il fut force d'organiser les élections présidentielles en 1995 et essaya de retenir contrôle du pouvoir en faisant élire son homme de confiance René Préval. Ce denier trahit son mentor et obéit aux ordres de Washington de privatiser certaines entreprises publiques. Aristide répondit en créant un autre parti politique avec des subalternes fideles a sa personne. L'aide internationale fonctionna au ralenti a cause des luttes de clan au sein du parlement haïtien qui retardèrent la nomination d'un premier ministre pour remplacer le démissionnaire Rony Smart. Pendant ce temps les assassinats politiques continuèrent dans le pays. Le 7 Février 2001 contre vents et marées , Aristide prêta serment comme président pour succéder a René Préval. Mais cette fois ci, ils étaient devenus de vrais ennemis politiques. Jusqu'a son renversement en Février 2004, Aristide n'eut jamais l'occasion de diriger le pays. Il ne put suivre aucun agenda économique. Pour substituer a l'aide internationale, le pays devint un carrefour reconnu pour les cartels de drogues internationales. Le gouvernement de George Bush accusa l'administration d'Aristide d'être de connivences avec les filières de la drogue. Quand Guy Philipe, un ancien commissaire de police recherche par l'Agence américaine luttant contre la drogue (DEA) organisât une invasion militaire contre Aristide, l'administration de Bush regardât de l'autre cote et laissa faire. Le 29 Février 2004 prit fin officiellement l'épopée aristidienne en Haïti.

Un premier ministre made in USA est installe avec le président de la cour de Cassation a ses cotes remplissant la fonction de président. La chasse aux dealers de drogue de l'administration d'Aristide fut poursuivit sans relâche par la DEA. Plus de 9000 milles soldats d'une troupe internationale sous la supervision des Nations Unies maintiennent l'ordre en Haïti. Les troubles sociales devenaient plus aigues avec des enlèvements quotidiens de personnes qui ne sont libèrees qu'avec des paiements de fortes somme d'argent. Officiellement certains anciens dignitaires du régime Lavalas ont garde leur distance face a cette nouvelle forme de violence, mais trop tard le kidnapping est déjà entré dans les mœurs haïtiennes. L'aide internationale redémarra. Un nouveau plan économique était prépare en secret dans les bureaux de la Banque Mondiale a Washington. Le gouvernement Latortue ne divulgua un mot a ce propos. La plus grande réalisation de ce gouvernement sera l'organisation des élections consacrant le retour du dinosaure René Préval au pouvoir en 2006.

Comme on peut le comprendre a partir des analyses que nous avons faites dans ce chapitre, l'Etat d'Haïti a perdu sa souveraineté nationale. La politique haïtienne est devenue un sous ensemble de la politique des pays donateurs. Les locataires du palais national n'ont qu'a prier pour que le parti qui leur soit favorable remporte les élections américaines et le tour est joue. La conditionnalité de l'aide change en fonction de Washington . Le grand perdant c'est la majorité des démunis qui augmentent de façon exponentielle chaque jour. L'expérience haïtienne a démontre que la suspension de l'aide ou l'imposition d'un embargo pour influencer les décisions gouvernementales sont problématiques. Le fait de stopper le flot d'aide envoie un message aux belligérants : se soumettre pour éviter la perte de l'assistance. Mais dans certains cas comme en 1991, les belligérants ne s'en émeuvent guère. Ils créent d'autres alternatives pour parvenir a survivre, par example le trafic de la drogue. Durant son deuxième mandat en 2001, Aristide et le front de convergence se sont engages dans une bataille impitoyable ; tandis que la situation économique du pays se détériorait. Les donneurs ont continue avec l'aide humanitaire et les remittances de la diaspora ont continue a arriver. Le débat reste ouvert sur cette stratégie de la discontinuité de l'aide. Beaucoup de spécialistes intéresses en la matière pense que la suspension cause certaines fois des dommages irréparables. Quelque soient les motifs de la suspension, les donneurs doivent développer des stratégies pour maintenir l'aide dans les coins les plus affectes. A partir de nos observations, nous avons déduit une relation fonctionnelle entre l'aide internationale et l'ingérence dans les affaires haïtiennes durant les vingt dernières années :

Suspension de l'aide/Embargo/intervention militaire= Corruption/violence/pauvreté

Structure organisationnelle et échec de l'aide internationale a Haïti.

Haïti est un pays a tradition despotique. Apres plus de deux siècles d'Indépendance, Haïti vit avec les symptômes d'un Etat très faible. Les mécanismes de gouvernement et les rapports entre les pouvoirs de l'Etat engendrent de perpétuels

Alix Michel

conflits. Nous avons tout essaye : la monarchie, la présidence a vie et depuis environ deux décennies la démocratie est a l'ordre du jour. Quelle démocratie ? Par probité intellectuelle, il faut reconnaitre que les modèles de démocratie en pratique dans les pays occidentaux n'arrivent pas encore a s'implanter dans le plus pauvre pays de l'hémisphère. La division de couleur et de classe continuent a séparer les haïtiens entre eux. L'instabilité politique chronique font peur aux potentiels investisseurs. Même durant les courtes périodes de paix, le système judiciaire ne parvient pas a assurer la loi et l'ordre a travers le territoire national. Une élite économique traditionnelle qui refuse or incapable d'investir sur le long terme. Au lieu d'assumer leur rôle historique, beaucoup de membres de cette élite mulâtre auraient tendance a courir après le pouvoir politique. Depuis environ 60 ans aucun membre de l'élite mulâtre a siège au palais national. Pour certains membres de cette aristocratie fermée et solidaire, la situation économique catastrophique du pays est due a leur absence au timon des affaires de l'Etat. Face a un tel panorama les principales instances internationales ne savent plus a quel saint se vouer pour accomplir leur charitable mission dans le pays. Paradoxalement tous les gouvernements qui se sont succèdes depuis 20 ans ont toujours déclaré la réduction de la pauvreté leur première priorité.

Capacité d'absorbation de l'aide très réduite

L'administration publique haïtienne n'est pas en mesure de donner le partenariat que nécessite l'administration de l'aide. Certains organismes d'aide tels que l'USAID prennent carrément l'initiative et vont sur le terrain pour implémenter, élaborer et suivre certains projets. Les systèmes de management en cours dans les pays donateurs avec des contrôles financiers stricts, transparents et responsables ne sont pas encore en place en Haïti. En 1996, René Préval essaya d'augmenter la capacité de l'administration publique. Spécifiques taches furent assignées aux différents ministères. Un an après soit en 1997, certains évaluateurs trouvaient que les ministères n'arrivèrent pas a imposer leur stratégie administrative aux donneurs d'aide. Ce fait fut attribue aux trois ans de l'embargo économique impose aux militaires qui a presque détruit les structures administratives dans les ministères. De plus l'administration publique confronte un problème d'absentéistes. Environ 10% de l'effectif total de l'administration est constitue d'employé zombis. Plus de 90% du budget de l'Etat vont dans la masse salariale. La dimension du secteur public haïtien est trop petite pour répondre efficacement aux besoins sociaux qui lui incombent. Les salaires sont si maigres que les fonctionnaires sont a portes de la corruption.

Développement d'une addiction face a l'aide internationale.

Le budget national de la république d'Haïti pour l'exercice 2008-2009 a été vote au parlement haïtien au mois de Juin 2009. Soit 3 mois avant la fin de l'exercice fiscal au 30 Septembre 2009. Ce retard a été provoque par la non chalance de donneurs d'aide qui apparaissent fatigues du cas haïtien. Prés de la moitie du budget national dépend de l'aide fournie par l'assistance internationale. Les élites haïtiennes se complaisent de cette façon de diriger le pays. Elles ne réalisent pas que l'aide internationale sans un effort national ne peut rien accomplir pour le pays. La priorité absolue de tout gouvernement sérieux en Haïti reviendrait a établir une stabilité politique, créer un plan économique cohérent de façon a réduire notre dépendance de la charité internationale. Durant les 20 dernières années, les gouvernements qui se sont succèdes dans le pays ne semblaient guère intéresser a améliorer les conditions de l'emploi et de la production nationale dans le pays. Ainsi le pays contient une majorité de personnes qui dépendent absolument des transferts de la diaspora.

Repenser la stratégie de l'aide internationale en Haïti

Comme nous l'avons démontre précédemment, l'aide internationale est utilisée par certains pays donateurs comme moyen de pressions politique sur les gouvernements haïtiens en tant de crise. Cette aide très conditionnée ne peut être insérée dans une stratégie de développement. Le manque de coordination des principaux donneurs dans la distribution de l'aide laisse le champ libre a la corruption. Il faut un autre model d'assistance internationale a Haïti. Durant l'été 2008 quatre cyclones ont frappe Haïti successivement. Sans la décision du président vénézuélien de permettre au gouvernement haïtien d'utiliser les fonds de Petro Caribe, une catastrophe humanitaire aurait eu lieu dans le pays. La destitution par le sénat haïtien du premier ministre Jacques Edouard Alexis semblait a la base de cette indifférence par la communauté des donneurs. Les chocs économiques négatifs enregistres au moment de la suspension ou des délais dans la distribution de l'aide occasionnent des dégâts irréversibles. Quand l'aide revient certains programmes bloques doivent être parfois repenses. Ce qui constitue un manquement grave a certains projets nécessitant des fois de nombreuses années pour produire des résultats positifs.

Comment augmenter l'effectivité de l'assistance internationale en Haïti

Certainement, Haïti ne représente pas le seul cas de pays pauvres ou l'assistance internationale a échoue. Les organismes donateurs continuent a implémenter toutes sortes de stratégie afin d'augmenter l'efficacité de l'aide. Le problème est que tous les pays récipients ne sont pas les mêmes. De plus l'aide est trop conditionnée dans certains cas. L'aide devrait viser des programmes de développement spécifique. Les donneurs devraient essayer d'appréhender la problématique de la pauvreté de plus prés. Quoique la sauvegarde de la souveraineté nationale est souvent évoquée dans les pays récipients pour gêner l'accès a certains circuits complexes de la corruption. Entre ingérence et franche collaboration existe une ligne de démarcation que les donateurs sont obliges de respecter. Sans cette franchise de la part des aideurs, des catastrophes irréparables auraient pu se produire dans des pays ou les structures sociales sont en faillite. Les conflits entre les groupes sociaux de ces pays n'arrivent pas a être résolu a l'échelon national. Certains groupes de donneurs paraissent fatigues de cette situation. Cependant dans un pays comme Haïti cet essoufflement peut poser des problèmes face a l'addiction développée dans certains secteurs. Quand les donneurs se doivent de changer d'orientation en fonction de leurs priorités administratives internes, la quantité de l'aide sera réduite ou dans certains cas suspendue. Chaque année le nombre de demandeurs augmentent tandis que les sources de donations diminuent. En conséquence, les donateurs tendent a aider dans les milieux ou les résultats sont palpables. Pourquoi continuer a pomper de l'aide dans des projets dont l'échec est assure ?. Dans les projets diriges par le gouvernement haïtien les résultats sont presque invisibles, tandis que ceux diriges par certains ONGS le taux de retour sur investissement est assure.

Une nouvelle stratégie tenant compte de l'environnement politique haïtien devrait être mis en place. Les donneurs doivent prendre en compte la fragilité de la démocratie haïtienne. Ils sont obsédés plus par les résultats que par les moyens a mettre en place pour y arriver. Il est impérieux qu'ils reconnaissent la fragilité des Etats débiles comme Haïti constituent un véritable challenge.

A travers la région caribéenne Haïti fait la différence avec sa situation de pauvreté absolue. Jusqu'au début des années 80s, la situation du pays n'apparaissait pas si désespérée. Depuis les émeutes conduisant au renversement du régime trentenaire des duvaliéristes, le pays n'a connu que de très courts moments de paix. Apres le renversement du gouvernement d'Aristide en Février 2004, le gouvernement de Latortue ,n'eut jamais le contrôle de la capitale et de certaines villes de provinces. La Banque mondiale a décide de placer Haïti sur la liste des Etats parias. L'élection de René Préval au mois de Mai 2006 ne changea en rien la situation d'insécurité quotidienne régnant dans le pays. L'aide internationale était reçue de façon très parcimonieuse. Encore une fois les organisations multilatérales ont conditionne leur assistance a Haïti. Le ralentissement de l'aide dérange certains projets en passe de réussir et détruisent l'espoir dans certaines régions excessivement pauvre du pays. La population pauvre est prise en tenailles entre les ONGS et le gouvernement local. Il est immoral de conditionner l'aide si urgente aux pauvres, parce que il est parfois trop tard quand le flot redémarre. Les donneurs devrait traiter chaque projet de manière individuelle avant de conditionner l'aide. Ils distribuent seulement l'aide qui répond a leur agenda.

En d'autres termes , ils nous envoient ce qu'ils n'ont pas besoin et non pas l'aide que nécessite la situation du pays. Par example quand les gouvernements étrangers invitent les ministres haïtiens a venir discuter de l'aide a recevoir, c'est seulement pour les dicter la direction que doit suivre cette aide. Ces dernières années, on a l'impression que des agences comme L'USAID travaillent suivant leur propre agenda et ne se donnent même pas la peine d'obtenir l'avis des cadres des ministres haïtiens. Les fonctionnaires de ces agences reprochent le manque de responsabilité de la part de certains dirigeants en Haïti. De plus en plus leur projets sont sujets a des méthodes d'évaluation purement américaines.

Tableaux symbolisant la dépendance d'Haïti de l'aide internationale

BUDGET RECTIFICATIF 2009-2010

SUPPORT BUDGETAIRE(en gourds)

UNION EUROPEENNE	3,462,181,933
NORVEGE	600.000.000
France	1,004,333,485
Espagne	254,491,225
Banque Mondiale	1,681,958,268
Bid	1,991,920,000
USA	408,558,920
Caricom	310,143,160
Perou	180,000,000
Bresil	600,000,000
Equateur	80,000,000
	9,973,586,991

Source: Ministère de l'Economie et des Finances .Lois des Finances 2009-10

Financement des programmes et projets	Budget rectificatif 2009-2010
ACDI	4,054,244,325
AIEA	22,487,220
ALLEMAGNE	145,961,146
BID	693,835,314
BANQUE MONDIALE	2,284,535,287
BRESIL	66,000,000
ESPAGNe	1,534,207,163
FAO	1,063,216
FENU	49,312,195
FIDA	143,995,720
FRANCE	427,765,916
IICA	167,376,000
ONUDI	47,300.00
PNUD	173,800,000
TAIWAN	847,088,750
UNION EUROPEENNE	6,231,892,136
UNESCO	5,389,678
UNICEF	38,259,953
USAID	12,224,336,932
VENEZUELA	1,216,000,000
TOTAL	30327598251.00

SOURCE: Ministère de l'Economie et des Finances-Lois des Finances 2009-10

Les aveux de Bill Clinton

L'ancien président des Etats Unis d'Amérique, Bill Clinton, a promis de travailler pour promouvoir l'autosuffisance alimentaire en Haïti. Il a exprime son regret d'avoir mis en place des politiques qui ont nui a l'agriculture du pays et a sa capacité de nourrir ses habitants. Nous sommes entrain de mettre en place une stratégie visant a augmenter la production de café et des mangues. Pour les économistes favorables au model endogène de développement économique, ce revirement de Bill Clinton est porteur de grands espoirs. Il a évoqué avec un constat d'amertume le rôle que son administration a joue dans l'exportation vers Haïti de denrées alimentaires américaines subventionnées, profitant de la baisse des tarifs douaniers haitiens,une des conditions attachées aux prêts du Fonds monétaire international et de la Banque Mondiale. En 1998, Haïti produisait 47% de la production nationale de riz consommée dans le pays tandisqu'aujourdhui le pays peine a satisfaire 10% du marche local.

La capacité de production agricole du pays est menacée par le flot d'aide alimentaire envoyé pour faire face aux crises humanitaires dont une grande partie est revendue sur les marches locaux en Haïti. << C'était une erreur a déclaré Bill Clinton devant une commission d'enquête du sénat présidé par le Sénateur John Kerry. Je dois vivre chaque jour avec les conséquences du fait que la capacité d'Haïti a produire du riz pour nourrir sa population a baissé en raison de ce que j'ai fait.>> Mr Clinton a décrit la politique menée par le passe comme un effort visant a libérer ces pays en sautant l'étape du développement agricole et de passer directement a l'ère industrielle. Il a reconnu que cette politique a échoué partout ou elle a été mise en place ; on ne peut pas retirer la chaine alimentaire de la production. Cela constitue un danger pour la survie de ces pays.

« Je pense que c'est extrêmement significatif », a dit Mark Weisbrot, co-directeur du Centre de recherche sur la politique économique (Centre for Economic Policy Research, CEPR), basé à Washington, en réaction aux déclarations de M. Clinton. « Il est très rare qu'un ancien président présente ses excuses pour quelque chose qu'il a fait ».

Le CEPR a également appelé la communauté internationale à acheter toute la récolte de riz haïtienne durant les deux

177

prochaines années, ce qui représenterait 2,35 pour cent du total des promesses d'aide humanitaire actuelles.

Cependant, il faut veiller à ce que « ces achats au niveau du producteur » ne perturbent pas les réseaux de distribution existants, a dit le CEPR. « Heureusement, de nombreux agriculteurs haïtiens sont organisés en coopératives, réseaux ou autres organisations. Les donateurs internationaux pourraient, et devraient, travailler avec ces organisations et agriculteurs pour élaborer un plan visant à acheter tout le riz produit localement et à le distribuer sous forme d'aide alimentaire ».

Pour Gerald Murray, anthropologue à l'Université de Floride à Gainesville, qui étudie l'agriculture haïtienne, la distribution de nourriture gratuite est nécessaire pendant les périodes de crise humanitaire, mais les déclarations de M. Clinton reflètent selon lui une prise de conscience du fait « que l'économie agricole doit être soutenue, et que cela ne se fait pas en inondant le pays de nourriture gratuite », à moins que celle-ci soit achetée à des agriculteurs locaux. « Je pense qu'il s'agit d'une immense ouverture », a dit Neil Watkins, directeur des politiques et des campagnes d'ActionAid USA, au sujet du mea culpa de M. Clinton. « Il a, au minimum, attiré l'attention sur le besoin urgent de changement dans la politique américaine… qui a gravement nui à la production locale en Haïti. Nous pouvons aider Haïti à nourrir ses habitants en rendant plus flexible la manière dont nous apportons l'aide alimentaire, ce qui aidera le pays à se relever et à se reconstruire sur le long terme ».

Le cri de Seintenfus

Dans une interview publiée dans un journal Suisse ,le représentant du Secrétaire General de l'OEA, Mr. Ricardo

Seintenfus a livre ses impressions sur les crises éternelles en Haïti. Selon lui depuis le départ de Jean Claude Duvalier, Haïti vit un conflit de basse intensité. Le système de prévention des conflits ne s'applique pas dans le cadre D'Haïti. Il n'y a pas de guerre civile en dans ce pays. Haïti n'est pas dans la situation de l'Irak ou de l'Afghanistan, cependant le conseil de sécurité maintient une forte présence militaire de puis 2004 après le départ d'Aristide. Il pense que la crise haïtienne oppose des factions qui luttent pour l'obtention du pouvoir. Sur la scène internationale Haïti est entrain de payer sa proximité avec les Etats Unis d'Amérique. Les Nations Unis ont transforme les haïtiens en prisonniers dans leur propre ile. L'angoisse des Boat people explique pour beaucoup certaines décisions concernant Haïti. Les Américains veulent a tout prix qu'ils restent chez eux. Pendant plus de deux cents ans d'Indepedance, la présence des troupes étrangères a alterne avec celle des dictateurs locaux. Le pèche d'Haïti c'est d'avoir obtenu son indépendance par une lute de libération. Les haïtiens ont commis l'inacceptable en 1804, un crime de lèse-majesté pour un monde inquiet. L'occident est alors un monde colonialiste et esclavagiste basant sa richesse sur l'exploitation des terres conquises. Les grandes puissances ont tremble a la nouvelle du soulèvement général des esclaves dans la colonie de Saint-Domingue. Haïti a connu des années de solitude sur la scène internationale.

Il existe une partie du pays qui est moderne et tourne vers l'étranger. On veut faire d'Haïti un pays capitaliste, une plateforme d'exportation pour le marche américain. Mais cependant Haïti doit rester un pays a vocation agricole imprègne de droit coutumier. Le pays ne dispose pas de ressources publiques pour pouvoir faire fonctionner un système Etatique. Dans un pays ou le taux de chômage atteint 80%, il est insupportable de déployer une mission de stabilisation parce qu'il n'y a rien a stabiliser. Tout est a bâtir. Haïti représente une prévue de l'échec de l'aide internationale Au lieu d'envoyer des troupes, il faut construire des barrages, des routes, participer a l'organisation de l'Etat. L'ONU maintient une paix de cimetière en Haïti.

Chapitre IX

Haïti: entre un Protectorat des Nations Unies et une République des ONGS.

La première occupation américaine de 1915-1934, nous a laisse avec les tares du mulatrisme et du noirisme, Tandis que la seconde intervention de 1994, a transforme le pays en une république d'organisation non gouvernementale. Prétextant de la corruption et de l'inefficacité de l'administration publique, des centaines d'organisations ont installes leurs tentes humanitaires en Haïti. Nous pensons qu'elles font un travail appréciable pour le pays, mais cependant le Ministère de la Planification devrait être en mesure de leur assigner les domaines prioritaires ou le pays a réellement besoin d'aide.

Le nombre d'ONGS fonctionnant dans le pays s'élèverait entre 3000 a 10000 après le désastre du 12 janvier 2010. Selon Bill Clinton, envoyé spécial des Etat Unis en Haïti, ce pays est le deuxième pays du monde en terme d'Organisations Non Gouvernementales. Ces organisations ont pratiquement sauve le pays après le tremblement de terre du 12 Janvier 2010.Comme nous l'avons déjà mentionne, nous n'avons pas pu arriver a décerner clairement ce qu'on planifie au ministère du plan. Certes, nous devons reconnaitre que certaines ONGS détiennent des capacités d'intervention supérieure au gouvernement haïtien. Pour éviter l'administration haïtienne, certains donneurs de charité faufilent leur argent directement aux ONGS qui leur rendent compte de la comptabilité annuellement. Pour l'exercice 2007-2008, l'USAID a déboursé 300 millions de dollars a certaines organisations travaillant sur le terrain en Haïti. Ces projets disposent d'un budget supérieur au montant alloue au ministère du plan dans le Budget national d'Haïti. En consequence,ce ministère n'a aucune chance de développer les ressources humaines nécessaires pour la gestion des projets confies aux organisations étrangères. Une partie de la population haïtienne s'adresse directement aux ONGS pour la satisfaction de certains services. Nous ne sommes plus aux temps ou les gouvernements haïtiens adressaient des demandes, mais plutôt les ONGS qui offrent aux haïtiens ce qu'elles pensent nécessaires au pays. Les jeunes cadres haïtiens désespérément cherchent une position dans une de ces organisations parce que les conditions sont meilleures et l'obtention d'un visa est assuré. Les programmes de certains ONGS n'ont rien a voir avec la planification gouvernementale et ne s'intéressent pas a la croissance économique durable du pays. Prenons l'example de l'industrie de microcrédit en Haïti ou 300 institutions ont été recensées avec 200.000 clients pour un montant de prêts avoisinant les100 millions de dollars.. Cependant les officiels haïtiens n'ont pas encore pris aucune législation pour contrôler ces institutions financières. De plus, il faut mentionner que les fond gérés par ces institutions proviennent de l'étranger.

Nous pensons que le gouvernement haïtien devrait au moins avoir un rôle de supervision des programmes entrepris a travers ces organisations. Le nouveau gouvernement devrait prouver aux donneurs sa capacité a gérer les fonds et a combattre la corruption de l'administration haïtienne tant redoutée par les donneurs d'aide. Une fois la confiance des donneurs dans l'administration haïtienne retrouvée, les donneurs recommenceront a aider le pays a travers son gouvernement. En attendant que le rétablissement de cette confiance, la présence de certaines organisations est vitale pour la population haïtienne. La direction de la coopération externe au niveau du ministère du plan doit implémenter une politique spéciale a l'égard des ONGS. Les éléments développes dans le document stratégique de réduction de la pauvreté peuvent servir de base a l'établissement d'un plan opérationnel de développement a long terme du gouvernement. Le parlement haïtien doit créer des lois pour régir le fonctionnement des ONGS principalement celles opérant dans les domaines financiers . Par exemple les ONGS pourraient être classifiées en fonction des services offerts: celles opérant dans la santé , l'éducation, l'agriculture, et la justice pourrait travailler de commun accord avec les ministeres et secrétaireries d'Etat concernes.

Restructurer le ministère du plan

Une nouvelle mission doit être assignée a ce département ministériel : déterminer les secteurs nécessitant l'aide internationale. Les cadres de ce ministère devrait être en mesure de soumettre les priorités gouvernementales aux ONGS. De nombreuses questions concernant l'économie haïtienne devrait trouver une réponse au sein des cadres de ce ministère. Pourtant dans les tiroirs a l'intérieur de

ce complexe administratif, on peut retrouver pas mal de
documents très bien écrits tant par les haïtiens que les
étrangers. En dépit de la sophistication de ces documents
de planification, l'échec de l'aide internationale est patent
en Haïti. La situation d'instabilité politique chronique
en Haïti est prise en compte dans la grande majorité de
ces documents. Peut être il est venu le temps de repenser
la conception de certains projets en fonction du contexte
haïtien. La publication par le ministère du plan de « la carte
de la pauvreté '' haïtienne semblait apporter un élément
de réponse a la manque de vision a long terme reprochée
aux décideurs haïtiens. Dans ce document que j'ai eu la
chance de parcourir, les données ne manquent pas, les
moyens et méthodes de solution ne sont pas proposes. La
gestion financière, le nœud gordien de la problématique
haïtienne, n'a pas été ébauchée dans ce document. Très
souvent dans le cas haïtien, les donneurs nous accusent de
mauvaise gestion financière et de corruptions. Ecrire les
plans et les moyens de gestion de la finance d'un projet
revient au ministère de la planification. De plus, ce ministère
devrait travailler en étroite collaboration avec les donneurs
bi et multilatéraux. Une publication par ce ministère
devrait comptabiliser le montant annuel d'aide reçue par
Haïti. Les informations sur la suivie des projets entames
devraient être accessibles au grand public. Ce ministère
a pour rôle de clarifier la discrepancie qui existe entre la
quantité exacte d'aide reçue et le montant annonce des fois
a grande pompe par les donneurs. En collaboration avec le
ministère du commerce, le ministère du plan doit publier
une liste de projets d'infrastructure indispensables pour le
pays. Lisant la presse locale haïtienne, j'ai l'impression des
fois que l 'USAID planifie beaucoup plus pour Haïti que
le ministère du plan. Les projets élabores par cette agence
américaine sont d'une telle qualité qu'ils pourraient servir

d'example au gouvernement haïtien en général. Rappelons qu'au moment d'accéder au poste de premier ministre Mme Michelle Pierre Louis ne présenta aucun programme de gouvernement. Quelque temps après, on a apprit dans les medias d'un plan collier prépare pour Haïti. Les ministres du plan et des Finances ont chaudement applaudi ce plan et pensent qu'il peut aider a sauver Haïti. A qui appartient-il de d'écrire des stratégies de développement pour Haïti ? L'assistance internationale ne peut pas développer Haïti ; cependant si elle est bien utilisée et appliquée dans le contexte des besoins locaux, Haïti peut amorcer un virage dans le sens du développement. Les donneurs tendent a imposer leurs point de vue aux assistes. Dans le cas haïtien, nos dirigeants leur facilitent la tache. Par conséquent le support du gouvernement haïtien n'est même pas requis dans certain cas. Or, il a été prouve que les projets échouent parfois a cause de l'absence de la collaboration du gouvernement. Le gouvernement et la communauté des donneurs nécessitent de travailler ensemble et non parallèlement. Dans une revue des stratégies de réduction de la pauvreté adoptées dans plusieurs pays, il a été prouve que les plans acceptes sont ceux des bureaucrates des organisations étrangères. Je pense que dans le futur le ministère du plan devra envisager a orienter les donneurs dans les milieux ruraux. A ce niveau aussi, une décentralisation de l'assistance internationale de la république de Port au Prince vers le pays en dehors doit être considéré.

Haïti est-elle en voie de devenir un protectorat des Nations Unies ?

L'absence de volonté de la part de nos dirigeants, la capacité administrative limitée du pays conduisent certains dirigeants d'ONGS a assumer les services. Apres l'intervention américaine pour réinstaller Aristide *en* 1994, on a l'impression que nos dirigeants ont place le pays sous le commandement des ONGS via l'organisation des nations unies. Un plan de développement national a partir des facteurs endogènes n'a jamais été mis en place. Il appartient aux haïtiens de développer Haïti. En dépit de nos faiblesses administratives, une stratégie de développement tenant compte de la décentralisation du pays peut être construite. L'aide internationale viendra seulement en appui des initiatives locales. En 2005, Peter Mackay, le ministre Canadien des affaires étrangères déclara a propos d'Haïti « La plus grande leçon que les Canadiens ont apprise dans leur efforts d'aider Haïti dans le passe est la nécessite par les haïtiens d'assumer la responsabilité de développer un agenda pour le développement du pays ». Mais la réalité de l'assistance dans le pays pendant ces dernières années est toute autre. Les donneurs planifient et exécutent. Parfois, les autorités locales sont mises au courant de certains projets que par voie des medias locaux. Ce type de diktat rend la situation encore plus compliquée. Nous avons eu l'example au cours des élections qui ont eu lieu pour remplacer 9 sénateurs en 2009. Certains proches du gouvernement de René Préval conseillaient d'organiser une seule élection en 2010 a cause des problèmes économiques aggraves par les quatre cyclones de 2008. L'ambassade américaine fit pression et déboursa l'argent pour la réalisation de ces élections. Les électeurs ont boude les comices et les sénateurs élus n'ont pas le support populaire. De ce fait ,on revient presque a la même situation de 1997 ou un conflit au sein du parlement fit dérailler toute la machine politique.

Un complot ourdi de l'intérieur et de l'extérieur par les milieux opposants au régime l'avalassien se dégénère en affrontement arme au cours du troisième trimestre de 2003. Rappelons que nous étions a la veille de célébrer nos deux cent ans d'Independence. Ce motif de fierté pour les negres ne put être célèbre avec la pompe requise en ces genres d'événements. Au lieu de faire de ces événements quelque chose semblable a celui réalisé par Dumarsais Estime en 1950, les conjures de Guy Philipe traversèrent la frontière haitiano-dominicaine lourdement armes pour venir renverser un gouvernement légalement établi.

Chapitre X

Que peuvent faire les haïtiens vivant a l'étranger pour leur patrie de naissance ?

Le mot diaspora est tellement utilise en Haïti qu'il est devenu blasé . A l'origine ce vocable fut utilise en référence aux juifs qui fuirent la Palestine pour vivre partout dans le monde. La situation haïtienne parait plus grave aujourd'hui puisqu'il s'agit d'un exode beaucoup plus économique que politique. La tragédie que fait face Haïti aujourd'hui peut être analysée sous l'angle des prédictions de l'économiste Anglais Alfred Malthus. Cet économiste avait étudie l'impact d'un déséquilibre entre la démographie et la croissance économique. L'origine de la dispersion haïtienne en terre étrangère a commence au vingtième siècle. L'historien Roger Gaillard dans son livre les ''blancs débarquent'', mentionne que des le début du siècle les haïtiens ont commence a s'émigrer vers Cuba et la république Dominicaine. L'agriculture haïtienne étant délaissée par les dirigeants de Port au Prince et les paysans livres a eux mêmes partirent a la recherche de terres fertiles pour cultiver. Spécialement, dans les villes frontalières avec la République Dominicaine, les paysans au début en petit nombre traversèrent avec leurs machettes a la main pour aller travailler la terre. Mais quand le nombre commença a grossir au fil des années, le ressentiment dominicain se fit sentir. Face a la complainte de paysans dominicains contre ces haïtiens a peau noire qui augmentaient en nombre, le dictateur dominicain Rafael Trujillo décida d'agir. Il ordonna le massacre a l'arme blanche de milliers d'Haïtiens afin de blanchir la zone frontalière. Ceux partis vers Cuba furent beaucoup plus chanceux parce qu'ils ne furent pas victimes de ce genre de massacre. Mais après chaque fin de récolte sucrière, la police cubaine les pourchassa afin qu'ils retournent en Haïti. Cela n'empêchait pas qu'ils tentent leur chance des la prochaine saison sucrière. Au cours des années 60s, des milliers de professionnels laissèrent Haïti vers les nouveaux pays francophones d'Afrique fraichement indépendants. Un autre groupe d'haïtiens moins qualifies allait suppléer a la main-d'œuvre bahamienne dans le secteur de la construction et des services hôteliers. La dictature duvaliériste étant très intolérante a l'égard des intellectuels, artistes et professionnels qui n'étaient pas solidaire a sa cause, ces derniers n'avaient d'autre alternative que de chercher un visa pour immigrer vers les Etats Unis ou le Canada. Au début des années 80s, ce fut la ruée vers les cotes floridiennes. Grace a de petites embarcations de fortune, les paysans et les chômeurs de certaines villes côtières haïtiennes envahirent les plages de Miami Beach. On rapporte que ce fut l'une des principales raisons qui portèrent les Américains a demander a Jean Claude Duvalier de faire ses valises.

Aujourd'hui, la quantité d'haïtiens vivant aux Etats Unis représentent eviron1.3 millions selon le dernier recensement organise en 2010.La République Dominicaine, le Canada et les Etat Unis constituent nos   principales terre d'asile. Malgré les années les haïtiens asiles en terre étrangère continuent a penser a la terre natale. Les remittances envoyées par ces haïtiens représentent un grand pourcentage du revenu national haïtien. Devant l'importance économique grandissante des haïtiens expatries, un ministère leur a été accorde. Je place la création de ce ministère dans la catégorie de gabegie administrative et de gaspillage des maigres ressources du pays le plus pauvre de l'hémisphère. Une direction au sein du ministère des affaires étrangères en concertation avec les consulats et ambassades haïtiens peut remplir la fonction de ce ministère. L'argent consacre a ce ministère devrait augmenter le budget de Damiens ou du ministère de l'Education nationale.

On raconte l'histoire de ces haïtiens qui après les élections de 1990 avaient vendu leur médaillons de taxis jaunes pour retourner dans leur pays natal. Le coup d'etat du 30 Septembre 1991, leur surprit et tous durent plier bagages et retourner bredouilles. Il m'a été conte l'aventure d' un Haïtien vivant en Floride et qui avait réussi financièrement . Cependant, son rêve fut de retourner en Haïti pour aller comme on dit ouvrir des affaires dans son pays. Il exécuta son plan. Il prit une deuxième dette sur la maison familiale que sa femme s'engagea a payer. Avec environ 500.000 USD, il débarqua en Haïti pour aller accomplir son rêve. Cinq ans plus tard, sans annoncer il revint dans la maison familiale : les seuls profits réalises furent les maladies incurables qu'il contacta. Les examples d'haïtiens criant faillite après leur tentative de se réinstaller en Haïti sont légion a New York, Miami etc. Le succès économique acquis par certains haïtiens en terre étrangère ne peut se reproduire en Haïti sans l'amélioration des conditions d'affaires en Haïti. Le système de marche capitaliste dans lequel évolue les haïtiens a l'étranger est complètement différent du marche haïtien. Le système judiciaire haïtien est complètement corrompu. Il n'y a pas d'environnement légal pour encourager la compétition. Le système de crédit n'est pas libéralise. Une clique de gens seulement ont accès au crédit dans les banques commerciales haïtiennes.

De plus en plus la Diaspora prend de l'importance sur le terrain politique en Haïti. Il est devenu clair pour les politiciens haïtiens que la Diaspora peut développer un rôle dans le décollage économique du pays. Les candidats a tous les échelons politiques viennent faire un tour de la diaspora en quête de support financiers mais aussi politique. Dans le passe les commerçants du bord de mer et l'armée étaient les faiseurs de Gouvernement en Haïti, ce qui leur permettaient de garder leurs privilèges. Cependant, aujourd'hui l'armée n'est plus et le bord de mer a perdu de sa puissance financière.

La Diaspora met aussi ses connaissances au service des politiciens en Haïti. Evoluant dans des milieux démocratiques les techniciens de la diaspora tend a imposer leur vision politique dans le pays. A travers des appels telephoniques,la diaspora arrive a influencer les votes en Haïti. Mais la véritable influence provient des transferts d'argent périodiques a travers les bureaux d'échange. Plusieurs groupes politiques en Haïti détiennent leurs subsidiaires dans la Diaspora. Je ne fais pas partie de ceux qui pensent que la diaspora représente un dixième département géographique d'Haïti. D'un point de vue administrative cela représente un problème qu'il faut envisager. Quelle différence établit-on entre le rôle de ce département ministériel et le ministère des Affaires Etrangères ? Que devient la mission de nos ambassades et consulats a l'étranger ?. Sur le plan financier, ce ministère des haïtiens d'outre mer représente un gaspillage pour notre budget national finance a prés de 60% par nos amis internationaux. Dans mon analyse concernant une modification des dépenses budgétaires en Haïti, je recommande que ce ministère ainsi que d'autres soient tout bonnement fermes. En créant ce ministère les dirigeants des 20 dernières années ont voulu attirer la bonne grâce des haïtiens de la diaspora. Je pense que c'est la capacité de levée de fonds de la diaspora qui attire tant les politiciens vers elle. Le refus par les gouvernements haïtiens de faire voter une loi sur la double nationalité constitue la preuve que la Diaspora est seulement utilisée a des fins de collecte de fonds et de lobbies politiques. Les deux principaux handicaps de la diaspora a l'intérieur d'Haïti sont :

a) la bourgeoisie traditionnelle qui refuse de se plier aux méthodes modernes du capitalisme. Elle tend a investir dans le court terme par example dans l'import-export. Cette tendance n'existe pas seulement en Haïti. Ce fut le tare de toute l'Amérique latine jusqu'au milieu du 20eme siècle. Mais de nos jours les bourgeoisies locales tendent a investir dans tous les secteurs . Le Brésil, le Mexique, et la République Dominicaine sont des examples. Ces pays se sont accommodes au capitalisme moderne. Ils ne dépendent pas seulement des investissements provenant des pays capitalistes occidentaux. Non seulement d'être mercantiliste, la bourgeoisie haïtienne préfère la sous traitance. Les investisseurs potentiels de la diaspora font face a une oligarchie devenue plus solide due a la faiblesse des structures étatiques dans notre pays.

b) le deuxième goulot d'étranglement des présumes investisseurs de la Diaspora réside dans l'administration publique haïtienne. Corrompue et inefficiente la fonction publique haïtienne représente une des causes de notre retard dans tous les domaines. Rares sont les diplômes de la diaspora qui arrivent a s'imposer dans cette anarchie organisée que constitue le secteur public en Haïti. Malgré le changement de régime politique survenu au cours des vingt dernières années, aucun changement sérieux ne fut entrepris pour moderniser l'administration haïtienne. Je pense sincèrement que tenant compte des obstacles majeurs qui leur attendent en Haïti, la grande majorité des haïtiens vivant a l'étranger n'ont aucune chance de retourner dans leur pays natal.

Tableau mutant							
les Remittances de la Diaspora							
USD							
2003	2004	2005	2006	2007	2008	2009	2010
811	932	986	1063	1222	1370	1376	1499
Pays d'origine:		Usa	Rep.Dom	Canada	France	Guyane	Venezuela

Source : Banque Mondiale web site 2010

Tourisme

A cote des investissements directs que peuvent faire la diaspora en Haïti, les organismes responsables du tourisme pourraient essayer d'exploiter ce marche. La tendance de tous citoyens émigres est de visiter leur patrie d'origine. Les hommes d'affaires haïtiens qui s'occupent du tourisme pourraient organiser des tours a l'intérieur du pays convoitant la population vivant a l'extérieur. Nos monuments historiques glorifiant notre passe pourraient servir d'attraction a La diaspora. Une saison touristique comprenant 3 périodes peut être exploitée par les hommes d'affaires : le carnaval, les grandes vacances, et la Noel. Spécialement durant l'été , les nombreuses fêtes patronales pourraient attirer les visiteurs oignant de ces lieux. Assumons que durant ces 3 périodes de l'année, le pays attire 3% des 2 millions d'haïtiens vivant a l'extérieur soit un total de 600.000 visiteurs. Avec un average de $500 dépenses par visiteur le montant de cash injectes dans l'économie haïtienne représenterait 300 millions de dollars par an. Si l'on ajoute les emplois saisonniers crées par ce flux de touristes le bénéfice total pour l'économie nationale pourrait s'approcher des 350 millions dollars par an.

La double Nationalité.

Je ne suis pas un spécialiste en droit et je ne veux pas rentrer dans le débat de mots en cours entre citoyenneté et nationalité. Ce qui nous concerne, c'est le retrait de toutes les barrières légales empêchant la diaspora de voler au secours d'Haïti. L'oligarchie économique haïtienne peu habituée a la compétition ne va pas baisser les gardes du jour au lendemain. En effet, l'absence d'une bourgeoisie nationale désireuse d'investir dans le pays constitue un handicap a tout modèle de croissance économique. La passivité pour les haïtiens vivant a l'étranger d'investir dans le pays peut constituer un plus pour les petites et moyennes entreprises. Par example, les haïtiens vivant aux Etats unis connaissent la réalité du numéro de sécurité sociale. Ce numéro permet de ficher tout le monde et constitue une base sure pour l'établissement de crédits bancaires. L'un des problèmes le plus souvent mentionnes par les banquiers haïtiens c'est la difficulté de recouvrir les dettes. Une interdiction de départ placée a l'Aéroport international représente le plus sur moyen d'arrêter un mauvais payeur. De plus l'existence de ce numéro permettra de poursuivre les fautifs devant le système judiciaire américain. Des agences de contrôle de crédit comme celles existant aux Etats Unis peuvent être crées en

Haïti. Une collaboration étroite entre les agences de crédit en Haïti et celle des Etats Unis facilitera la récupération des mauvaises dettes.

Epilogue

Il convient de reconnaitre qu'en ce début du 21eme siècle, le capitalisme est a son paroxysme. Le communisme désormais appartient a l'histoire. Depuis l'implosion de l'empire soviétique, la libre entreprise s'est étendue a travers la planète. Une simple observation de la géographie mondiale nous permet de déchiffrer que ce sont les pays a tradition capitaliste qui dominent l'économie. Les innovations technologiques, les découvertes scientifiques, les progrès sociaux, leur appartiennent. Cependant on doit accepter le système capitaliste avec ses contradictions : le profit doit être réalisé a partir de l'exploitation de la force de travail des ouvriers. Tout le monde n'est pas satisfait parce que 90% du revenu mondial se trouvent entre les mains de 40% de profiteurs tandis que les autres 10% doivent être partages parmi les 60% restants. L'émergence de tout un paquet de protection sociale amoindri les effets de l'exploitation. Peut être nous sommes entrain de vivre un moment du système capitaliste parce que l'histoire du monde n'est pas a sa fin. Le model de Breton Woods détermine toujours les relations économiques internationales. L'émergence de nouvelles puissances économiques capitalistes (China, India, Taiwan, Corea) place le continent asiatique en tête de la production mondiale.

En ce qui nous regarde dans ce livre, nous pouvons insinuer que le capitalisme n'a jamais put intégrer réellement Haïti. Il a fallut une révolution destructrice pour créer l'Etat haïtien. Les calamites endurées par les negres a Saint Domingue les avaient forces a se révolter. Des plantations entières furent détruites. On rapporte que le ciel de Saint Domingue est reste noirci durant des années. Les dirigeants du nouvel Etat ne parvinrent pas s'entendre sur les moyens de séparer la richesse nationale. Le fondateur fut assassine. Nous avons été soumis au mépris international pendant prés d'un demi siècle. Jean Pierre Boyer dut accepter la rançon de 150 millions de Francs pour l'indépendance. A partir de ce moment les français ont rouvert leur commerce avec Haïti. Le niveau de production agricole de la colonie de Saint Domingue ne sera jamais atteint par le nouvel Etat. La distribution de terres aux anciens esclaves devenus la masse paysanne après l'indépendance changea notre système foncier en de nombreuses petites propriétés exploitées a des fins familiales plutôt que commerciales. Finalement, notre grand voisin des Etat Unis d'Amérique a décide de reconnaitre notre indépendance et des relations commerciales ont pu être établi. Face a notre instabilité politique chronique, au début du 20emme siècle l es Américains décident d'occuper Haïti. Il faut reconnaitre que cette intervention a été ordonnée par la haute finance américaine. Un projet de chemin de fer crucial pour le développement de notre agriculture fut arrête avant l'exécution du contract. Malgré tout les américains nous ont force a payer la balance a la compagnie Mc Donald. Pour s'assurer du paiement, le département d'Etat envoya un détachement de marines pour s'emparer de nos réserves monétaires en plein jour a la Banque Nationale de la République d'Haïti.

Les effets positifs de l'occupation américaine furent effaces par la division coloriste qu'ils ont laisse dans le pays. La politique exclusiviste de Lescot a facilite l'explosion d'une semaine de manifestations estudiantines et ouvrières baptisées pompeusement de révolution de 1946. Les vainqueurs, parmi lesquels on retrouve des tenants de l'idéologie noiristes ne font que s'emparer des nouvelles fonctions de la nouvelle administration publique restructurée par l'occupation américaine.

Au niveau de la caraïbe l'intégration économique avance a pas de géant. L'expérience du CSME(marche commun de la caraïbe) se poursuit. Le système de capitaliste marchand cède la place a un autre ou l'entreprenariat domine. En effet, les entreprises traditionnelles pour survivre n'ont d'autres alternatives que la modernisation technologique. Le nationalisme économique est en voie de disparition. En Haïti la catastrophe du 12 Janvier a laquelle nous avons consacre un chapitre dans ce livre nous retardera encore plus dans le plein accès au CSME. Environ un an après le pays n'arrive pas a redémarrer. Notre pauvreté devient beaucoup plus avilissante. Nos faiblesses en termes de capacité a porter secours a nos propres citoyens ont été mis a nus. Il a suffit que Port au Prince soit paralyse pour que le reste du pays s'effondre.

Aucune autre ville n'a pu envoyer de l'aide aux sinistrés, et quand la peur et le dénuement ont conduit les VICTIMES vers des villes de province, ils ont vite compris qu'il n'y avait ni eau potable, ni médecins, ni abris, ni écoles pour les accueillir. Rien. Sinon une misère plus grande que leur détresse.

La catastrophe du 12 janvier a aussi souligné le vide doctrinal dans lequel nous évoluons. Si le président René Préval a caricaturé à l'extrême notre écroulement en se taisant dans les premiers moments qui ont suivi le séisme, les autres acteurs n'ont pas fait mieux depuis. L'Etat, les pouvoirs publics, nos taxes et l'aide internationale par milliards déversée sur Haïti n'arrivent pas a améliorer la situation. Tout, dans tous les domaines se fait sans plan directeur, ni objectifs. Apres plusieurs réunions organisées a travers les capitales financières du monde, nos bailleurs de fonds ont établi une organisation pour coordonner l'argent reçu. Ils l'ont intitule le comite de reconstruction intérimaire d'Haïti(CIRH). On ne sait pas si c'est une autre institution hypocrite qui, avec les ONGS, nous aident à mourir en gardant intact la bonne conscience mondiale et celle des élites locales.

En effet, l'année économique de 2010 a été essentiellement marquée par le séisme du 12 Janvier qui a mis à rude épreuve les agents économiques tant du secteur privé que public. Les pertes économiques, considérables pour certains et quasi catastrophiques pour d'autres, causées par le séisme étaient évaluées à environ 120% du PIB (2009).

Cependant, grâce au savoir-faire dont ont fait montre certains hommes d'affaires haïtiens l'économie haïtienne a pu graduellement éviter le pire, car les prévisions tablaient sur une contraction du PIB allant jusqu'à 8.5%.

Presque tous les secteurs d'activité ont subi directement ou indirectement les effets néfastes du séisme. Parmi les plus touchés on retient le secteur manufacturier et la branche commerce. Les industries de la sous-traitance ont globalement chuté de 14.6%. Hormis les industries textiles travaillant essentiellement pour le marché externe, les autres industries manufacturières ont évolué à la baisse. Avec une contraction de plus de 7% de sa valeur ajoutée, la branche commerce, restaurant et hôtel a été aussi affectée.

L'agriculture, qui compte aussi parmi les secteurs les moins affectés par le séisme, a pu maintenir une légère hausse de 0.04% de sa valeur ajoutée à prix constant.

Parmi les moins touchés figure le secteur de la construction très dynamique en termes de création d'emplois avec une hausse de plus de 4% de sa valeur ajoutée.

Avec leur 12% de la Valeur ajoutée brute totale, les services non marchands, composés des administrations publiques et des institutions sans but lucratif, très présentes après le 12 janvier, ont aussi contribué à atténuer la contraction du PIB en affichant un accroissement, en volume, de 1.5%.

Du côté de la demande, la forte augmentation (15%) de la Consommation Finale Effective des Ménages, contenant non seulement les dépenses de consommation effectuées par les ménages, mais aussi les transferts en nature qu'ils reçoivent des organisations non gouvernementales (ONG), a participé grandement à l'amortissement du choc du 12 janvier sur le PIB. Les autres composantes de la demande, investissement et exportation ont chuté respectivement de 6.5% et 7.3% en terme réel.

Par ailleurs, l'augmentation de 4.5% des recettes totales de l'Etat, alors qu'on en redoutait une chute de près de 50% deux mois après le séisme, l'accroissement de plus de 84% des Investissements directs étrangers (IDE), compensant un peu la faiblesse des investissements locaux, et la hausse de plus de 7% des envois de fonds des travailleurs (remittances) , améliorant le pouvoir d'achat des ménages, ont été des bouffées d'oxygène très utiles à l'économie en cette période post-12 Janvier. En termes de perspectives, l'économie haïtienne devrait renouer avec la croissance au cours de l'année fiscale 2011. En effet, les nombreux chantiers annoncés dans le cadre de la reconstruction qui seront financés soit par le Trésor public ou par la Communauté internationale sont de nature à garantir une croissance substantielle de l'économie haïtienne en 2011. Toutefois, la concrétisation des objectifs de croissance pour l'année 2011 passe, entre autres, par la création d'un environnement sociopolitique favorable et la disponibilité en temps réel des fonds nécessaires à l'exécution des grands travaux annonces par le CIRH.

J'exhorte tous ceux qui auront a prendre les décisions politiques et économiques pendant les cruciales années a venir de repenser un models de croissance propre a Haïti. Nos model de développement économique ne peuvent être construit dans des bureaux feutres de Washington, Paris ou Ottawa. Eventuellement nous aurons besoin de leur précieux concours. Ces grandes puissances peuvent nous apporter les contributions financières nécessaires et l'appui technologique indispensable a la modernisation. Le succès de tout plan économique dépend d'une bonne évaluation des ressources disponibles maintenant dans le pays. Nos recherches nous ont permis de découvrir que certaines décisions économiques prises au cours des années 80s et 90s sont responsables de nos déboires aujourd'hui. Par example la destruction du cheptel porcin ,la fermeture de l'usine sucrière de Logan et celle de Limonade ont affecte durement la production agricole déjà déclinante dans le pays. Nous espérons que les nouvel élus au parlement haïtien seront en mesure de scrutinizer certaines décisions que nous catégorisons comme antinationales.

PS.

Avant la publication de ce livre, une succession d'événements ont survenu dans le pays qui vont affecter la vie politique et sociale durant les années a venir. Le retour de deux anciens présidents dont l'un fut le protagoniste de la chute de l'autre n'est pas pour renforcer la stabilité politique, condition essentielle a une croissance économique durable au cours de cette période de reconstruction. Les eternels conflits ou la « madichon d'Haïti >> auxquels nous avons consacre le chapitre premier de ce livre vont rebondir avec plus de force. Les mulatrisme et les noiristes continueront cette guerre non declaree.L'oligarchie économique ne va pas lâcher prise car elle va continuer a jouir de la complicité de nos voisins . Comme nous avons essaye de démontrer, les masses haïtiennes sont condamnées a la pauvreté. Nos élites s'entredéchirent pour le contrôle du pouvoir politique afin d'assurer leur richesse personnelle. Notre dépendance de la charité internationale augmente de jour en jour. Des élections générales ont été organisées dans le pays le 20 Mars 2011. Dores et déjà nous pouvons augurer que le nouvel élu ne pourra rien faire. Ce sont les élites de ce pays qui doivent comprendre qu'il leur appartient. C'est la modernisation de nos structures sociopolitiques défaillantes qui doit être envisagée. A cote de la reconstruction physique pour remplacer ce que le choc du 12 Janvier a détruit, il faut que la société civile pense a renégocier un nouveau contrat social . Autrement, ce se sera la fin de ce pays en tant qu'entité souveraine.

Notes de l'auteur

I

Apres la mort dans son lit du dictateur François Duvalier, les
Etats Unis voulaient le récompenser du bon travail accompli
contre la propagation du castrisme dans les Caraïbes. L'ordre
fut donne a Clinton Knox un ambassadeur négre de préparer
la succession. Pour assurer la pérennité du régime son fils
fut choisit comme successeur. Bébé Duvalier jura de gagner
la bataille économique parce que son père avait remporte la
victoire politique.

Avec l'aide de Américains, la central hydro électrique de
Peligre fut construite permettant l'augmentation de la
capacité énergétique du pays. Un plan quinquennal pour la
relance de l'agriculture fut mis en place. Un parc industriel
fut crée dans la zone de l'aéroport afin de réduire les couts
de transport. Les taxes a l'exportation sur les produits de
la sous-traitance étaient éliminées. De 1971 a 1974 environ
40.000 jobs furent crées dans ce secteur atteignant un
maximum de 100.00 vers les années 1983-1984. Apres le
Mexique, Haïti devint le second exportateur en produits
de sous traitante. Le bas salaire avait attire les investisseurs.

L'absence de syndicats prévenait les ouvriers de se réunir et revendiquer leurs droits.

La << révolution économique>> JeanClaudiste a échoué malgré un excellent départ.

A) Une décentralisation administrative n'était pas possible vu la nature du régime. La création de ce parc industriel dans la zone métropolitaine attire une émigration sauvage en direction de Port-au-Prince. Une ou deux autres zones industrielles dans le Nord et le centre du pays aurait résolu le problème.

B) Les économistes du gouvernement n'accordaient pas la priorité nécessaire au plan quinquennal de relance de l'agriculture. Nos produit traditionnels d'exportation tells que le café, le sisal, le cacao, le huiles essentielles, continuaient a dégringoler.

C) En dépit du bas salaire et de l'absence des revendications certaines factories fermaient leur portes parce que certains blancs n'aimaient ce pays pour des raisons que l'on peut deviner.

D) L'inflation rognait le peu que gagnait les ouvriers.

E) L'apparition de ce que nous appelons "le Benettisme qui provoqua une tension politique au sein du régime. Aussi les Bennetistes protégeaient les filières de la contrebande qui décourageaient la frange nationaliste de la bourgeoisie qui avait investi dans le pays.

II

La première occupation militaire d'Haïti par les américains pouvait être un succès. L'émergence de la doctrine de Monroe encourageait les Businessmen américains a investir dans les Amériques et les Caraïbes. Rappelons que nous sommes au début du 20eme siècle ou la jeune puissance industrielle avait besoin de marche pour écouler ses produits. Le protectionnisme occupait le centre des stratégies économiques de l'époque. Une occupation militaire ouvrait les barrières douanières et permettait a Wall Street de dominer le système financier du pays occupe. En Haïti un système féodalise existait encore et une aristocratie foncière dominait les villes haïtiennes. L'occupation avait divise le pays en deux camps.

A) Les collaborationnistes comprenant une grande majorité de la classe mulâtre. D'ailleurs les Américains ont en profite pour n'élire que des présidents de couleur durant l'occupation. Il faut mentionner, qu' ne partie de cette aristocratie foncière de couleur noire voulait collaborer avec l'occupant. Dans le camp des collaborationnistes, on voulait profiter de l'avance technologique des Américains dans tous les domaines pour les aider a développer le pays. Ils exhortaient les occupants a nous aider dans la reconstruction des infrastructures disparues au moment de la guerre de l'Independance.

B) Les nationalistes opposes a l'occupation sous quelque forme que ce soit. Notre fierté de pays Independant avait subit un coup avec la présence de troupes étrangères patrouillant nos rues. L'éclosion d'une littérature indigéniste préconisant le retour a nos origines favorisa ce camp. Ils n'étaient pas intéresses a profiter de l'aide des américains dans aucun domaine. Malgré la défaite de la guérilla Caco de Charlemagne Peralte, les troupes américaines ne parvinrent pas a pacifier totalement les villes de Provinces.. De temps a autre des escarmouches éclatèrent et les soldats américains subirent continuellement les harassements de groupes d'individus "" marrons". Le rétablissement de la corvée qui provoqua les massacres de nombreux paysans en révolte, est le plus sombre moment de cette occupation.

Une Haïti pacifiée aurait pu bénéficier de l'avance technologique de l'occupant si désirée par la bourgeoisie de l'époque.. En dépit de tout , le peu de choses réalisés par les américains nous ont servi jusqu'a récemment. Cette réaction indigéniste, préconisant le retour a l'Afrique nous a conduit au noirisme, source d'inspiration du Duvaliérisme qui va détruire toutes les institutions de la société civile haïtienne.

La réconciliation des deux élites prêchée par l'archevêque de Port au Prince au cours de la cérémonie du mariage entre Michèle et Jean Claude commence bien auparavant. Des l'accession en 1971 de Jean-Claude Duvalier, de nombreux mulâtres avaient réintégré le pays. L'agenda des noiristes amis de papa doc comprenait cette inclusion afin d'attirer les bonnes grâces de Tonton Sam qui commençait a délier sa bourse. Quelques changements symboliques furent réalisés avec la mise a pied de certain barons macoutes tells que Zacharie Deva, Astre Benjamin, adverbal Hérisson... La répression avait cesse contre les mulâtres et ils occupaient une place importante dans l'entourage du président. De plus les observateurs avaient note que seulement des mulâtresses se bousculaient dans le cercle amoureux du Jeune président.

Apres le départ rate de Jean Claude Duvalier le 31 Janvier 1986, la répression battait son plein dans les rues de la capital. La rumeur circulait que dans chaque quartier de Port-au-Prince on préparait une liste de jeunes a être arêtes le moment opportun. Un Pajero(véhicule tout terrain a la mode) représentait la prime pour les faiseurs de la liste. Mais Washington ne lâchait prise sur ses intentions. Un émissaire Jamaïcain, Neville Galli more débarque a Port au Prince et prend logement dans un petit motel de la Grand Rue pour ne pas être aperçu par les journalistes qui commencent a déferler sur Port Au Prince. Tout s'accélère et Finalement Jean Claude cède et il partira Vendredi au petit matin . Même ses servants au Palais seront tenus a l'écart jusqu'a la fin.

Le retour de Jean Bertrand Aristide au pouvoir précède par un débarquement des marines était conditionne. Des papiers ont été signes rapporte- t-on. Dans les milieux lavalassiens,peu importe ce que leur leader avait signe, son retour représentait un miracle. Jamais dans l'histoire de ce continent un président renverse n'a pu retourner au pouvoir. Apres son installation, Aristide gonfle dans son orgueil et agrandi par son invincibilité entrait en conflit avec son premier ministre sur l'application de l'agenda économique néolibéral. Dans les couloirs du palais on chuchotait que les blancs commençaient a se fâcher parce que les papiers signes par titid a Washington devraient être respectes. Finalement , le premier ministre Smark Michel démissionna et la répression s'intensifia contre les membres des anciennes forces armées démobilisées. Nombre d'entre eux furent assassines en pleine rue ou par des intrudeurs dans leurs résidences.

Au sommet de son pouvoir, Michèle Bennet , surnommée par la malice populaire << la femme aux grandes lunettes ou azoukinking >>décida de se lancer dans les œuvres sociales. Elle construisit des logements sociaux, des centres de santé et un hôpital. Son image reçût un mauvais coup quand elle organisa une levée de fonds a $ 500 par personnes. Dans un pays ou le revenu per capita avoisinait $340/an, les petites gens et même une bonne partie de la classe moyenne s'en prenaient aux folies de la première dame. D'autant plus qu'une grande partie de la vieille garde macouto-duvaliériste détestait cette femme qui parait-il avait les mains partout dans le régime.

Au cours d'une interview radiophonique réalisée par Serge Baulieu de Radio Liberté en 1990,Roger Lafontant complaignait son amertume sur la chute du Duvaliérisme. Il déclarait que jamais il ne pardonnera a Claude Raymond et a Williams Régala d'avoir complote contre le fils de leur bienfaiteur François Duvalier. Les observateurs ont note qu'il n'avait pas cite le nom du président du CNG , le General Henry Namphy.

Tous les grands tenants du pouvoir noiriste se sont maries avec une femme de couleur. Salomon fut marie a une Française, Estime et Duvalier ont marie des femmes de couleur haïtienne.. Même Jean Price mars l'auteur intellectuel de l'explosion sociale de 1946 se maria a une blanche. Ce qui confirme le caractère démagogique de cette question de couleur en Haïti.

En 1967 un conflit opposa les deux gendres de Duvalier: Max Dominique, un officier noir de la garde présidentielle et Luc Albert Foucard, un mulâtre. Un complot fut monte de toutes pièces par Faune Saint Victor, cette secrétaire qui passait des heures seule en compagnie de papa doc dans sa chambre. Apres qu'une panne d'électricité plongea le palais dans le noir, Duvalier prit de panique soupçonna certains membres de la garde prétorienne de vouloir l'assassiner. Il entama une série de transferts suivis d'arrestations au sein de la garde présidentielle. Un jeune officier Hilaire, petit frère de l'aumônier du palais tapait la liste. Un après l'autre Papa Doc lui signifiait le nom des condamnes. La liste atteint le nombre de 18 et l'officier tout souriant s'apprêtait a retirer la feuille de la machine a taper quand le dictateur lui donna l'ordre d'attendre un moment. La liste est incomplète et Duvalier demanda a l'officier d'ajouter son nom comme le 19eme condamne. Et le pauvre Hilaire malgré un visage tuméfie par le saisissement tapa son nom sans oser demander les raisons. Et il fut exécute aussi le 18 Juin 1967.

En 1843 Jean Jacques Acau prit la tète d'un grand nombre de paysans sans terre. Armes de piques et de machettes , ils marchèrent sur la capital. Leurs revendications: obtenir leur s propres lopins de terres sur les grandes propriétés appartenant a l'Etat. Acau était un mulâtre. Pour justifier sa position il monta un slogan qui dit ceci: (mulat pov se neg, neg rich se mulat) Les mulâtres pauvres sont des negres et les negres riches sont des mulâtres. De nos jours, dans les cercles prives un mulâtre quelque soit son apparence est appelé (ti rouj) petit rouge s'il est pauvre.

Roger Lafontant fut un membre permanent de la milice Duvaliériste. Il fut tenu a l'écart dans les premières années du régime Jean Claudiste dans un poste de consul au Canada. A son retour, il prit le contrôle du régime. Il devint si populaire parmi les macoutes, l'armée et l'administration publique que le président a vie surveillait ses déplacements dans la cour du palais national. Exile par Michèle Bennet, peu avant la fin du régime, il revient en 1990 pour réorganiser les duvaliéristes en vue des élections du 16 Décembre de la même année. Dans une réunion a Vertaillis Night Club a Carrefour Marin, il s'auto proclama le candidat des duvaliéristes. Frappe d'interdiction par l'article 291 de la constitution, il n'a pu prendre part aux joutes électorales. Le 6 Janvier 1991, il s'empara d'un véhicule blinde avec la complicité de certains militaires, procéda a l'enlèvement de la présidente Ertat P, Trouillot, entra au palais national et dans un message télévise, il déclara solennellement a la nation qu'il avait décide de mettre fin a la mascarade du 16 Décembre. Arrête et juge le 29 Juillet jour des Volontaires de la Sécurité Nationale, il mourut dans des conditions obscures durant le coup d'Etat du 30 Septembre 1991.

Liste complète des présidents haïtiens

Jean Jacques Dessalines	1804 - 1806	Assassine
Henri Christophe	1807 - 1820	Suicide
Alexander Pétion	1806-1818	Mort au pouvoir
Jean Pierre Boyer	1818 - 1843	Déchoue
Rivière-Heard	1843 - 1844	Déchoue
Philippe Guerrier	1844 - 1845	Mort au pouvoir
Jean Louis Pierrot	1845 - 1846	Dechouke
Jean Baptiste Riche	1847 - 1847	Mort au pouvoir
Faustin Soulouque	1847 - 1859	Dechouke
Fabre Nicholas Geffrard	1859 - 1867	Dechouke
Sylvain Salnave	1867 - 1869	Execute
Saget Nissage	1870 - 1874	Mandat complete
Michel Domingue	1874 - 1876	Dechouke
Canal Boisrond	1876 - 1879	Dechouke
Lysius Felicite Salomon	1879 - 1888	Dechouke
Francois Legitime	1888 - 1889	Dechouke
Florvil Hyppolite	1889 - 1896	Mort au pouvoir
Tiresias Simon Sam	1896 - 1902	Mandat complete
Alexis Nord	1902 - 1908	Dechouke
Antoine Simon	1908 - 1911	Dechouke
Cincinnatus Leconte	1911 - 1912	Mort au pouvoir
Tancrede Auguste	1912 - 1913	Mort au pouvoir
Michel Oreste	1913 - 1914	Dechouke
Oreste Zamor	1914	Dechouke
Davilmar Theodore	1914 - 1915	Dechouke
Vilbrun Sam	1915	Assassinne
Sudre Dartiguevave	1915 - 1922	Mandat complete (1st US Occupation)
Louis Borno	1922 - 1930	Mandat complete (1st US Occupation
Eugene Roy	1930	Mandat complete (1st US occupation)
Sternio Vincent	1930 - 1941	Mandat complete (occupation until 1934)
Elie Lescot	1941 - 1946	Déchoue
Franck Lavaur	1946	
Dumarsais Estima	1946 - 1950	Découle
Paul Eugene Magloire	1950 - 1956	Déchoue
Joseph Nemours Pierre-Louis*	1956 - 1957	Provisoire
Franck Sylvain*	1957	''
Colegiall	1957	''

Bibliographie

Al Burt
Bernard Diederich
1969-Papa Doc et les Tontons Macoutes. La verite sur Haiti.
New York. McGraw Hill,19

Alejandro Portes
Carlos Dore-Cabral
Patricia Landolt
    1997- The Urban Caribbean. Transition to the New
    Global Economy. The John Hopkins University Press.

Amy Wilentz
    1990- The rainy Season. Haiti since Duvalier.
    Touchstone. Simon & Schuster Builduing. 1230 Avenue
    of the Americas. New York. 10020

Banque Centrale de la Republique d'Haiti.
    Département des Etudes Economiques.. Bulletin de la
    Banque de la République d'Haïti.(Octobre 1993 et
    1994

Carlo Desinor

   1986. Daniel Fignole. Un espoir vain. Port au Prince.
   L'imprimeur.1986

Gérard Pierre Charles

   1987- Radiographie d'une dictature. Port au Prince. Le
   Natal.1987.

Hans Schmidt:

   1971. The United States occupation of Haiti (1915-1934)
   Rutgers University Press. New Brunswick, New Jersey.

Terry f.Buss:

   2008. Haiti in the balance. Why Foreign Aid has failed
   and what we can do about it. National Academy of
   public Administration. Brookings Institution Press

Hilbourne A Watson:

   1994.The Caribbean in the Global political Economy.
   Lynne Rienner Publishers Inc. New York, 1994.

Joseph E. Stiglitz:

   2002. Globalization and its Discontents.W.W Norton
   & Company.

Kern Delince

   1979. Armee et Politique en Haiti. Paris; L'harmattan,
   1979.

Lundal, Mats:

   1979. Peasants and poverty: A study of Haiti.New York.
   St Martin Press.

Lyonel Paquin

1986- Classes sociales en Haïti: Classe moyenne et super classe. New York. L Paquin 1986.

Michel Rolph Trouillot:
Haiti, State against Nation. The origin and legacy of Duvalierism.Monthly review press.122 west 27th street.
New York, New York 10001

Michele Wucker
1999- Why the cocks fight. Dominicans, Haitians, and the struggle for Hispaniola. Hill & Wang. A division of Farrar, Strauss and Giroux. 19 Union Square West, New York 1003

Muhammad Yunus:
2007-Creating a World Without Poverty. Social Business and the future of Capitalism. Public Affairs. New York

Noam Chomsky
Paul farmer
Amy Goodman
2004- Getting Haiti right this time. The US and the coup. Common Courage Press. 112 Red Barn Road. Monroe, ME 04951

Robert Calderisi
2006-The trouble with Africa. Why Foreign Aid isn't working Palgrave Macmillan. 175 5th Avenue, New York 10010

Roger Dorsinville

1980- Mourir pour Haïti ou les croisées d'Esther. Paris. L'harmattan. Collections Encres Noires. 1980

Roger Gaillard
1982- Les blancs débarquent: Hinche mise en croix. Port au Prince. Le Natal,1982.
1982-Les blanc debarquent: Charlemagne Peralte, le caco. Port-au Prince. Le Natal,1982.
1983-Les blancs debarquent:La guérilla de Batraville. Port au Prince. Le Natal 1983.

Simon Fass:
2004-   Political Economy in Haiti. The drama of survival.
Transactions publishers, New Brunswick, New, Jersey

Steven D. Levitt
Stephen J. Dubner
2005-Freakonomics. A rogue Economist explores the hidden side of everything. Publishers Harper Collins

WWW.brh.net
WWW.lenouvelliste.com
www.mef.guv
WWW.mpce.guv
WWW.ihsi.net

Page de couverture arrière

Indexes

V

victoire, xvi-xvii, xix, 2, 5, 14-15, 33, 166, 205
vol, 107

W

Washington, 12, 15, 17, 29-30, 41, 126, 133-34, 166-69, 177, 202, 208-9

Z

zombis, 23, 147, 171
zones, 65, 95-98, 119-20, 138, 149, 158, 205-6